CONVERSA COM MARCIANO VIDAL

AS ALEGRIAS E AS ESPERANÇAS, AS TRISTEZAS E AS ANGÚSTIAS DE UM **TEÓLOGO DE FRONTEIRA**

Dirigida por
JOSÉ MANUEL CAAMAÑO

DIREÇÃO EDITORIAL:
Pe. Fábio Evaristo R. Silva, C.Ss.R.

CONSELHO EDITORIAL:
Ferdinando Mancilio, C.Ss.R.
Gilberto Paiva, C.Ss.R.
José Uilson Inácio Soares Júnior, C.Ss.R.
Marcelo da Rosa Magalhães, C.Ss.R.
Mauro Vilela, C.Ss.R.
Victor Hugo Lapenta, C.Ss.R.

COORDENAÇÃO EDITORIAL:
Ana Lúcia de Castro Leite

TRADUÇÃO:
Pe. Claudiberto Fagundes, C.Ss.R.

REVISÃO:
Pe. Vitor Edézio Tittoni Borges, C.Ss.R.
Irma Carina Brum Macolmes
Sofia Machado

PROJETO GRÁFICO, DIAGRAMAÇÃO E CAPA:
José Antonio dos Santos Junior

© 2016, Marciano Vidal, José Manuel Caamaño López.
© 2016, PPC, Editorial y Distribuidora, S.A.
© De la presente edición: PPC, Editorial y Distribuidora, SA, 2016.

Parque Empresarial Prado del Espino
28660 Boadilla del Monte (Madrid)
ppcedit@ppc-editorial.com
www.ppc-editorial.com
ISBN 978-84-288-2970-0

Dados Internacionais de Catalogação na Publicação (CIP) de acordo com ISBD

C111c	Caamaño, José Manuel
	Conversa com Marciano Vidal: as alegrias e as esperanças, as tristezas e as angústias de um teólogo de fronteira / José Manuel Caamaño ; traduzido por Claudiberto Fagundes. - Aparecida, SP : Editora Santuário, 2019.
	224 p. ; 14cm x 21cm.
	Tradução de: Conversaciones con Marciano Vidal
	Inclui índice.
	ISBN: 978-85-369-0604-1
	1. Biografia. 2. Marciano Vidal. 3. Teólogo. I. Fagundes, Claudiberto. II. Título.
2019-1303	CDD 920 CDU 929

Elaborado por Vagner Rodolfo da Silva - CRB-8/9410

Índice para catálogo sistemático:
1. Biografia 920
2. Biografia 929

1ª impressão

Todos os direitos em língua portuguesa reservados à **EDITORA SANTUÁRIO** — 2019

Rua Padre Claro Monteiro, 342 — 12570-000 — Aparecida-SP
Tel.: 12 3104-2000 — Televendas: 0800 16 00 04
www.editorasantuario.com.br
vendas@editorasantuario.com.br

SUMÁRIO

Apresentação...5

Introdução...13

Primeira parte: Origens, vocação religiosa
e teológica 17

Segunda parte: O Concílio Vaticano II
e o Pós-Concílio 49

Terceira parte: Trajetória acadêmica
obra teológica 75

Quarta parte: Pertença eclesial.......................153

Quinta parte: A Igreja – situação atual
e futuro...205

Conclusão: O credo que dá sentido
à minha vida 221

APRESENTAÇÃO DO PROJETO "INTRODUÇÃO À *THEOLOGIA MORALIS* DE SANTO AFONSO DE LIGÓRIO"

"Não." Essa foi, em 5 julho de 1831, a resposta da Penitenciaria Apóstolica (aprovada depois por Gregório XVI) à consulta do cardeal arcebispo de Besançon, formulada na seguinte questão: "Deve-se inquietar o confessor que, na prática do confessionário, segue todas as opiniões do bem-aventurado Afonso de Ligório pelo motivo de a Santa Sé ter declarado que, em suas obras, nada foi encontrado digno de censura?" Resposta negativa que era, portanto, a afirmação, fruto de um longo e conturbado percurso, da autoridade incontestável de Afonso de Ligório no campo da Teologia Moral. Mas não apenas isso, uma autoridade ainda matizada nos limites do inaudito quando, na mesma consulta, surge então caracterizado o hipotético confessor: "O confessor em questão, leu as obras do santo Doutor apenas para conhecer sua doutrina, sem avaliar as razões e motivos com que apoia as mesmas conclusões". Em outras palavras, a Penitenciaria Apostólica responde que não se deve inquietar o confessor que segue tão somente as conclusões de Santo Afonso, sendo desnecessário verificar a argumentação com que justifica tais conclusões. Em resumo: confiança cega, monolítica. Impossível, e não verificada na história da Igreja, maior consagração para um autor. Um quase semideus da Teologia Moral. Santo Afonso do século XIX.

Poderíamos então perguntar: mas o que o próprio Santo Afonso acharia desse "sem avaliar as razões e motivos com que apoia as mesmas conclusões"? Nada melhor que perguntar ao interessado. No prefácio à *Theologia Moralis*, com o sugestivo subtítulo "que o autor pede ao leitor que leia para a compreensão de toda a obra", depois de explicitar o motivo da composição (ensinar aos jovens da Congregação a arte de orientar as consciências por meio da pregação e da confissão durante as Missões), encontramos um autor insatisfeito com a própria obra: "Eu mesmo acabei não ficando satisfeito, pois muitas coisas não saíram bem explicadas ou ficaram expostas em uma ordem confusa"; tentando remediar os problemas encontrados: "Apliquei-me à segunda edição cuidando em levar tudo a uma ordem melhor" e explicando o motivo e oportunidade desse procedimento: "Como sou humano, também reformei algumas opiniões que, com o passar do tempo, havia chamado a um julgamento mais atento". Nessa atitude, orgulhoso, então, em nobre companhia: "Não me envergonho disso, pois o próprio Santo Agostinho não se envergonhou em retratar-se em muitas questões; Santo Tomás também o fez, como atestam Caetano, Catharino e Capreolo, e o próprio doutor Angélico confessa, quando diz: *Embora tenha escrito diferentemente em outro lugar (3p., quaest. 9, art. 4).* O mesmo também afirmou Túlio [Cícero]: *É coisa própria do sábio mudar de opinião* [Sapientis est mutare consilium]. E, em outra passagem: *Nunca se elogiou insistir em uma sentença única"*. Explicitando a mola propulsora de seu método de estudo: "Empreguei muito trabalho para conseguir escolher as sentenças de acordo com a verdade da questão. Investiguei por muitos anos e em muitos volumes de autores clássicos, tanto as sentenças rígidas, quanto as benignas que, recentemente (pelo que sei), vieram a público", baseado na reflexão e não apenas na autoridade: "Mas, na escolha das sentenças, meu maior cuidado foi sempre colocar a razão na frente da autoridade...", por isso, "não duvidei em modificar o julgamento sobre muitas sentenças" e "quando não encontrei razão convincente em favor de uma parte, não ousei condenar a oposta, como fazem alguns que têm muita facilidade em reprovar opiniões..." para que "não julgues esteja eu aprovando as opiniões que não reprovo, pois geralmente as exponho fielmente, com suas razões e defensores, para que outros, por sua prudência, julguem qual o seu peso". Santo Afonso do século XVIII.

Não queremos ir além deste importante prefácio à *Theologia Moralis*, embora pudéssemos nos estender muito, já que, para a nossa sorte, Santo Afonso deixou consignadas em passagens memoráveis das oito revisões de sua obra magna, bem como em numerosíssimas cartas e outros escritos, seu modo de entender e fazer a Teologia Moral. O que aqui apresentamos quer apenas aguçar a curiosidade do leitor para esse fenômeno editorial (nove edições durante a vida do autor, mais cinquenta desde então), *semper reformanda*, que foi para seu autor a *Theologia Moralis*. E, ao mesmo tempo, a história profícua e polêmica de sua recepção social, cultural e eclesial. Talvez, por isso, o melhor elogio que poderíamos fazer ao autor, e o que ele mais aprovasse, seria a constatação de que, em sua materialidade, a obra-prima teológica de sua vida está hoje grandemente desatualizada. Desatualizada porque, de tal modo próxima às necessidades concretas de sua época que, uma vez modificadas radicamente, não pode deixar de perder a atualidade. Mas, ao mesmo tempo, com um espírito pastoral tão fecundo e criativo, com abertura de pensamento tão larga, que não pode deixar de ser, mais que nunca, atual para a compreensão e o fazer moral que desafia a teologia nos dias de hoje. Santo Afonso do século XXI.

Prova disso são as numeráveis publicações que começam a reflorescer sobre o estudo do texto da *Theologia Moralis* alfonsiana. Apenas nos últimos meses pudemos contar três importantes contribuições nesse sentido: "*Conscience – writings from Moral Theology, by Saint Alphonsus*" ("Consciência – escritos de Teologia Moral, por Santo Afonso") de Raphael Gallagher, publicado pela Liguori Publications, em abril. "*Alfonso de Liguori (1696-1787): la victoria de la benignidad frente al rigorismo*", em dois volumes publicados pela Editorial Perpétuo Socorro, Espanha, de Marciano Vidal, dentro da coleção de História da Teologia Moral. Bem como o projeto editorial de tradução da *Theologia Moralis* para o português, que já vai para o terceiro volume, pelo Centro Dom Bosco – projeto análogo está em andamento nos Estados Unidos, também já com vários volumes publicados: *Moral Theology by Liguori CSSR*, Ryan Grant. Ante toda essa movimentação editorial, não podemos deixar de augurar que, de fato, Santo Afonso seja um dos grandes autores redescobertos dessa primeira metade de século.

Contudo, tal redescoberta do texto afonsiano, vai acompanhada por um desafio muito mais árduo: o desafio da interpretação. Se é verdade que, de Afonso já foram feitas tantas interpretações quanto retratos, a exigência é enorme, visto a enorme galeria pictórica que, do santo, a tradição nos legou. Nem é necessário, portanto, retornarmos ao primeiro parágrafo para uma pequena ideia de quanto a mesma tradição, com as melhores das intenções conservativas, acabou por acrescentar tantas camadas de verniz que terminaram, algumas vezes, mais por obscurecer, que por revelar, o genuíno pensamento do doutor zelantíssimo. É nesse sentido, então, que a União dos Redentoristas do Brasil – URB – apresenta esta publicação de abertura a toda uma coleção, ou seja, uma grande introdução ao pensamento moral e à figura de Santo Afonso. Mais que oportuna, com certeza, pois, embora muito querido e admirado, o Doutor da Igreja e Padroeiro dos Confessores e Moralistas, nem sempre é correspondentemente conhecido, talvez por sua inabarcável bibliografia, constantemente atualizada, nem sempre foi disponível em português.

Decidimos abrir a coleção com aquele que é, sem dúvida, o maior conhecedor da obra moral de Santo Afonso na atualidade, o missionário redentorista Pe. Marciano Vidal. No primeiro livro poderemos acompanhar como a tradição afonsiana repercutiu vivencialmente na trajetória acadêmica e pastoral desse seu filho e, ao mesmo tempo, a partir de seus olhos e atuação, na inteira segunda metade do século XX. Preferimos fazer assim, começar com um testemunho, também para professar nossa opção por uma moral viva e encarnada, pastoral, atenta às demandas do tempo presente, ao mesmo tempo em que, por isso mesmo, comprometida com a fidelidade ao Evangelho, como o fez Santo Afonso em sua época.

Na sequência, teremos então os quatro volumes do que se pode chamar uma "verdadeira enciclopédia" jamais escrita sobre Santo Afonso e a Teologia Moral. Do mesmo autor, Pe. Marciano Vidal, publicados em 2019, condensam em grande panorama interpretativo e bibliográfico, tudo o que se escreveu de mais importante sobre o assunto. O leitor terá, por exemplo, um comentário sobre as mais de 128 obras de Santo Afonso, inseridas e analisadas nos contextos vitais do autor e referidas em suas várias edições.

Depois dessa desafiante incursão bio-bibliográfica, estaremos prontos para o "curso avançado". Destinado apenas aos "fortes", acompanharemos toda a gênese do pensamento moral afonsiano pelas mãos de um de seus insuperáveis pesquisadores, o falecido Pe. Domenico Capone, diretor da Academia Alfonsiana e profundo estudioso do tema. Nessa obra, passando em detalhada revista todos os escritos morais de Santo Afonso, o leitor poderá encontrar uma visão realista e ontológica do "mais napolitano dos santos e mais santo dos napolitanos", tanto das implicações atuais de sua proposta, quanto de seu labor teológico-moral.

Por fim, algo que pensamos esteja ainda faltando aos estudiosos iniciantes, traremos uma introdução didática ao texto da *Theologia Moralis*, sobretudo, aos tratados do Livro I, ou seja, *Sobre a Consciência* e *Sobre a Lei*, bases do método afonsiano e sua grande contribuição à ciência moral.

Agradecemos ao Pe. Claudiberto Fagundes, mestre em teologia e doutor e pós-doutor em letras, pela proposição e organização dos textos, bem como aos outros confrades que se estão unindo a essa empreitada editorial. Agradecemos às editoras que assumiram a tarefa ingente de disponibilizar este importante material aos leitores de língua portuguesa. Agradecemos à URB, União dos Redentoristas do Brasil, aos provinciais e confrades, pela aprovação e pelo apoio necessário ao projeto. Por último, mas não em último lugar, a todos os leitores que, com suas observações, sugestões e críticas, auxiliarão na concretização do mesmo projeto.

Pe. Vitor Edezio Tittoni Borges
Pela União dos Redentoristas do Brasil

INTRODUÇÃO

No prefácio intitulado *Sou um teólogo feliz*, que Rosino Gibellini escreveu em 1993 para a entrevista de Edward Schillebeeckx ao jornalista italiano Francesco Strazzari, o grande dominicano belga era qualificado como teólogo de fronteira: "o que unifica a cultura na época moderna e contemporânea é a busca, não de uma salvação exclusivamente religiosa, como podia acontecer em épocas passadas, mas sim, a busca de uma humanidade sadia, íntegra e digna de ser vivida". Tais palavras também bem poderiam ser aplicadas à obra e pessoa do teólogo moralista espanhol Marciano Vidal.

Nascido em 1937, em San Pedro de Trones, vilarejo da província de León, dedicado fundamentalmente à exploração mineral, Marciano Vidal ingressou muito novo na vida religiosa, ou seja, com 12 anos a Congregação do Santíssimo Redentor começou a se tornar a família eclesial, cujo carisma marca sua vida até hoje. Mas Vidal não é apenas um religioso ou sacerdote, é um dos teólogos mais representativos da renovação teológico-moral das últimas décadas. Exerceu importante trabalho docente e acadêmico durante grande parte da vida, dando aulas, cursos e conferências, ou dirigindo numerosos trabalhos de pesquisa e teses doutorais. Além disso, é escritor prolífico, com mais de cinquenta livros e uns quatrocentos artigos publicados.

Sendo assim, se há algo destacado na pessoa de Marciano Vidal, além de sua religiosidade, simplicidade e caráter sempre alegre, é o fato de ser um trabalhador empedernido que não gosta de distrações supérfluas. Seus lugares mais habituais são a biblioteca e o quarto cheio de papéis, notas e referências, sobre as quais vai construindo uma obra que possa ser útil a todas as pessoas interessadas nas diferentes áreas da Teologia Moral, pois, não apenas abordou todas elas, mas nelas formou centenas de pessoas ao longo dos anos. Mesmo agora, já aposentado das instituições acadêmicas, continua fazendo o que sempre fez: trabalhar acompanhado de seus livros e papéis.

Marciano é um padre, um religioso... mas também, professor e teólogo. E não é teólogo neutro, mas alguém que, desde muito cedo, fez opção pela renovação da Teologia Moral a partir das orientações do Concílio Vaticano II. Sua opção foi clara: apostar no ser humano em seu sentido mais radical, porque é assim que descobriu a autêntica importância da transcendência ou, como ele gosta de dizer, "teologalidade" de toda a vida moral. Por isso, no espírito da tradição afonsiana, sua teologia é uma teologia em favor da pessoa, uma moral profundamente marcada pela benignidade pastoral e misericórdia, ou seja, uma Teologia Moral que definitivamente busca mais a salvação que a condenação e que confia muito mais no Deus que é Pai que naquele que só é juiz.

Mas, uma opção clara pode ter seus problemas, sobretudo quando quem opta o faz em campos movediços e fronteiriços, e quando o faz com liberdade e sem medo de evitá-los. E também Marciano Vidal os teve. Foi alvo de muitos elogios, mas também objeto de críticas e ataques até ser submetido, durante vários anos, a um processo doutrinal da Congregação para a Doutrina da Fé.

Precisou reagir e o fez sem aspereza, com serenidade, sempre tentando não ser ofensivo em suas palavras, apesar da dor que lhe causou, pessoal e institucionalmente. E, sobretudo, continuou fazendo o que, em consciência, acreditava que deveria fazer, nada mais que continuar trabalhando e realizando a missão para a qual Deus o chamou e lhe deu qualidades. Sempre foi, e segue sendo, um teólogo de fronteira que busca orientar da melhor forma essa humanidade sadia e digna de ser vivida. Se o conseguiu, seus leitores poderão dizê-lo.

Pessoalmente, conheci Marciano Vidal no ano 2000, quando era professor de moral fundamental na Faculdade de Teologia da Universidade Pontifícia Comillas e, desde então, sempre tivemos uma boa relação, talvez por nossa proximidade galega. Além disso, sua obra me interessou e a conheço. E esse é o motivo pelo qual a editora PPC, na pessoa de Luiz Aranguren, pensou em mim como interlocutor dessa conversa, ideia que também agradou a Marciano. E assim fizemos.

Faz anos que Vidal vive em uma casa redentorista no centro de Madri. Foi nela que nos encontramos várias vezes. Percorri seus corredores, o refeitório, mostrou-me a capela, o quarto e, inclusive, pude ver seu arquivo com a documentação e correspondência com diferentes pessoas e instituições ao longo dos anos. Por fim, nos sentamos diante de um gravador e falamos de muitas coisas de sua vida. Ou melhor, Marciano Vidal falou, porque eu apenas perguntava de vez em quando para continuar a conversa.

Meu trabalho foi apenas escutar e aprender. E durante esse tempo que partilhamos pude ver, por momentos, seus gestos de tristeza quando recordava alguns fatos, mas, sobretudo, seu rosto alegre ao recordar a infância em família, os companheiros, tudo o que passou ao longo de sua vida... Pude ver, definitivamente, um homem de Deus que, apesar das dificuldades – como dizia Schillebeeckx –, continua sendo um teólogo feliz.

PRIMEIRA PARTE

ORIGENS, VOCAÇÃO RELIGIOSA E TEOLÓGICA

– *Marciano, nasceste em 14 de junho de 1937, em San Pedro de Trones (León), que é um povoado na fronteira entre León e a Galícia. Em que medida isso influenciou tua pessoa?*

Sim, nasci em San Pedro de Trones, o último povoado da província de Léon, já na fronteira com a Galícia, e acredito que essa origem fronteiriça teve bastante influência sobre mim. Não saberia explicar bem, mas acho que influenciou porque, ao longo de minha vida, sempre tentei ser um homem de fronteira, embora, às vezes, isso tenha sido mais um desejo que realidade. Mesmo assim, há um substrato em minha trajetória que provém dessa condição geográfica: homem de fronteira entre culturas, entre formas de pensar. Acho que esse traço está profundamente presente em minha pessoa.

E, até negativamente, se posso falar assim, pois vejo que não há em mim uma identidade precisa, nem geográfica, nem cultural, e menos ainda, nacionalista. Não há um traço que permita dizer: "este é um teólogo galego", ou "um teólogo castelhano", ou "um teólogo basco", ou "um teólogo catalão", mas estou aberto a diversas opções. Creio que isso ocorre por ter nascido em um povoado onde, por um lado, não existe uma identidade clara e, por outro, há várias identidades confluentes.

– *Continuas ligado ao teu povo?*

Claro que sim. Visito com relativa frequência, embora menos do que desejaria. Mas, ainda assim, mais do que se possa imaginar de uma pessoa que trabalha, de um teólogo. Nós, irmãos, reunimo-nos todos os anos, ao menos uma vez por ano, para celebrar a vida, celebrando a eucaristia por nossos pais e pelos irmãos e cunhadas falecidos. Portanto, ao menos uma vez por ano nos reunimos todos. Também vou visitá-los no Natal. E no verão, quase sempre, vou de novo. Além disso, em todos os acontecimentos que requerem minha presença. Resumindo, até três ou quatro vezes por ano vou ao meu povoado e me sinto muito integrado nele, dado que também as pessoas de lá são muito carinhosas comigo e com minha família, também com meu irmão Senén que é sacerdote.

Tempos atrás, quando eu era muito jovem, havia muitos teólogos em meu povoado. Não sei se lembras do padre claretiano Domiciano Fernández, grande teólogo e grande historiador da teologia; e do padre Jesús Álvarez, também claretiano, magnífico historiador da vida religiosa e que foi professor aqui, em Madri, no Instituto de Vida Religiosa dos padres claretianos; havia meu irmão Senén, de Sagrada Escritura; Primitivo Fernández que era psicólogo; Felipe Fernández, sociólogo; e alguns outros mais. Tanto é verdade que falavam ser possível fazer uma Faculdade de Teologia em nosso povoado. Dos citados, sobraram apenas meu irmão Senén e eu; ele acaba de publicar uma edição do Novo Testamento com tradução e notas;

além disso, publicou vários livros sobre os diferentes escritos do Novo Testamento.

– Creio que tua família é bastante numerosa. São quantos irmãos?

Somos dez irmãos, e todos de bem, graças a Deus. Éramos duas irmãs (Sara e Antonia) e oito irmãos (Gregório, Rafael, Arsênio, Marciano, Gerardo, Senén, Laudelino e Cástor), duas mulheres e oito homens. As duas mulheres já morreram e morreu também um irmão (Gerardo). Éramos uma família muito simples, do povo, vinculada à pedreira, porque ali não se é agricultor, mas simplesmente trabalhador da pedreira. Por outro lado, meu pai era muito orgulhoso de ter tirado permissão para ser caminhoneiro: precisou ir a León para fazer essa permissão. Vivíamos disso, do pagamento oficial ao meu pai e, depois, do trabalho de meus irmãos no canteiro da pedreira.

– E vários de seus irmãos são religiosos...

Isso mesmo. Uma religiosa, a mais velha, que já morreu e pertencia às Josefinas Trinitárias. Ela foi para Placência porque tinha um sacerdote no povoado, Pe. Ceferino García, que foi deão da catedral de Placência, e foi ele quem levou seu sobrinho, Felipe Fernández, ao seminário de Placência; mais tarde Felipe se tornou bispo de Ávila e acabou em Tenerife. O nome da minha irmã religiosa era Sara, como religiosa, Délia. Depois, Senén, que é padre diocesano, e eu, que entrei nos redentoristas.

– Três! Não é pouco, nada mau. Marciano, o que poderias dizer sobre tudo o que deves a tua família, especialmente aos teus pais, especialmente quanto à vocação religiosa?

Começando por meus pais, Faustino e Margarida, creio que a eles devo, nós devemos, como sempre dizemos, devemos muito. Eu lhes devo muitíssimo. Em primeiro lugar, terem me criado bem, e depois, uma série de valores básicos que configuraram minha identidade ao longo da vida.

De meu pai, o valor da religiosidade, porque naqueles tempos praticamente era ele quem dirigia a vida religiosa do povoado. Era o sacristão, mas, como não havia sacerdote, ele mesmo dirigia as práticas religiosas fora da missa (naquela época também se fazia a via-sacra nas sextas-feiras da Quaresma). Portanto, devo ao meu pai uma religiosidade muito forte. À minha mãe devo o espírito de trabalho, a dedicação à família e ao lar. No fundo, devo aos dois o sentido do trabalho, a inclinação para simplicidade, o valor da honestidade, o dizer a verdade na medida do possível, mas também prestar atenção para que a verdade não seja dita de forma muito dura, e ainda, também o sentido da solidariedade.

Das lembranças mais gratas que guardo é que, em uma família simples, não digo de pobreza extrema, mas pobre como era a nossa, sempre que matávamos um animal nossa mãe cortava um pedaço para ser levado aos mais pobres do povoado. Às vezes, eu era o encarregado de levar aos outros o pouco que tínhamos. Essa é a solidariedade que vivíamos no povoado e são alguns dos valores que guardo de meus pais.

Dos meus irmãos também guardo esse sentido da solidariedade herdado de nossos pais e a convicção de que, mesmo quando não há muito para repartir, o pouco que temos precisamos compartilhar entre os muitos que somos. É esse o sentido que me ficou até hoje, de que existem muitos necessitados e, infelizmente, há pouco para compartilhar, mas devemos criar mais solidariedade para que esse pouco possa ser melhor compartilhado. Isso quanto aos meus irmãos.

Além deles, tenho uma relação muito carinhosa com todos os outros. Com meus irmãos, com minhas cunhadas (Maximiliana Corcoba, Benilde Corcoba, Teresa Rodríguez e as duas falecidas: Rosa Clavet e María Consuelo Pérez) e também com meus sobrinhos e filhos dos sobrinhos, que são muitos, por isso não direi seus nomes.

– Do que acabas de dizer e, além disso, com três irmãos religiosos, parece óbvio que o papel da religião era muito importante na família. Como era a vida na casa de vocês?

De fato, a religião teve muita importância em nossa infância, na infância de todos nós, irmãos. Recordo a época em que eu vivi, estou no centro pois sou o quinto irmão: conheci um pouco o irmão que veio antes e o que veio depois. E, pelo que me lembro, havia muita religiosidade. Religiosidade no sentido dessa época, como podes imaginar. Claro, íamos à missa aos domingos e também rezávamos o rosário em família todos os dias. Na Quaresma, fazíamos a via-sacra, se não todos os dias, ao menos nas sextas-feiras, dirigidos pelo meu pai; participávamos em família. As visitas ao Santíssimo também eram frequentes.

E, em determinadas ocasiões, mas sobretudo aos domingos pela manhã, fazíamos uma leitura espiritual, tarefa que competia a todos irmãos, pela ordem. Era feita com os livros religiosos daquela época, que ainda conservamos em nossa casa: *O Ano Cristão*, do Pe. Jean Croisset, traduzido pelo Pe. José Francico de Isla, jesuíta, e outros livros de espiritualidade desse tipo, sobretudo a espiritualidade de Santo Afonso Maria de Liguori. Ainda lembro que líamos sua *Prática de amar a Jesus Cristo*, *A preparação para a morte*, e fazíamos as *Visitas ao Santíssimo* seguindo o seu livro.

Como podes ver, havia muita religiosidade e vários atos religiosos. Acredito que a experiência religiosa foi profunda, já que todos nós irmãos permanecemos, de alguma maneira, vinculados a essa maneira de viver a religião. Como bem sabes, depois vem a outra geração, mais fria, e a seguinte, nem fria, nem quente, e as coisas vão mudando.

— Mas é curioso que, já naquela época, em tua casa houvesse interesse pela leitura, ou seja, teus pais liam e tu também tinhas acesso a livros em casa, algo que não ocorria em muitos lugares do mundo rural.

Sim, havia livros, especialmente livros religiosos. O que não chegavam eram as revistas. Mais tarde, quando as revistas chegaram ao povoado, também tivemos acesso a elas. No mais, os livros que tínhamos à disposição eram de literatura religiosa.

– Nasceste em 1937, um ano complicado, em plena Guerra Civil Espanhola, e também viveste no povoado parte do pós--guerra. Como recordas essa época?

Da Guerra Civil não me lembro nada, como é lógico, mas da Segunda Guerra Mundial tenho algumas poucas recordações, embora não conhecimento como tal, sobretudo porque no povoado ouvíamos que existia uma guerra. Mas da Guerra Civil, nada de nada. Além disso, ela também não teve muita repercussão em meu povoado. Apenas falavam que uma pessoa era vermelha, que andava com os vermelhos, não muito mais que isso. Mais tarde, fiquei sabendo que, sim, houve problemas.

Como detalhe familiar, devo dizer que meu pai passou por maus bocados depois da guerra, logo depois dela, porque também era o prefeito do povoado. Chamavam-no prefeito, mas na verdade não podia ser prefeito, era mais o que agora se chama administrador. No povoado vizinho, com maior número de habitantes, havia um destacamento do que chamavam "os mouros", um destacamento de forças franquistas em que, seguramente, havia alguns Regulares, por isso os chamavam "os mouros". Eles precisavam de alimentação e obrigavam todos os que tinham gado a fornecer carne de graça. E diziam a meu pai: "Tens que nos entregar tantas reses em tal dia", e então ele tinha que ir até as famílias, algumas vezes a seus próprios irmãos, e dizer que entregassem as reses de graça. Isso causou muitas dificuldades para ele. Ele se recordava disso, e nós também, como algo muito triste e muito injusto.

Por isso, o franquismo nunca teve boa acolhida em minha casa. Também não teve má acolhida, pois não havia oposição, mas assim eram as coisas daquela época. Lembro-me ainda que na época do racionamento passamos muito mal no povoado. Recordo que minha mãe, por ser a esposa do prefeito ou administrador, tinha que receber a farinha correspondente a todo o povo e fazer a massa e os pães para serem repartidos. Foi muito triste aquela situação. Hoje em dia nos parece incompreensível que tenham acontecido essas coisas que acabei de contar, mas sim, são verdadeiras.

— Suponho que frequentavas o colégio ou escola do povoado. Lembras alguma coisa?

Era uma escola e a recordo com carinho. Era uma escola rural, como outras tantas da época, a escola de quadro e giz, a escola da enciclopédia como único livro de texto. Tenho uma grata recordação da escola porque a escola era para aprender e eu gostava de aprender. Além disso, era o encontro com os meninos e meninas, pois era uma escola mista. Tenho uma lembrança muito agradecida de ter frequentado uma escola mista. Quando, mais tarde, li que as escolas mistas não eram boas, disse para mim mesmo: "Pois, se soubessem que tive que ir, não por princípios, digamos, pedagógicos, mas por necessidade, porque não havia mais que um professor ou professora...". Frequentávamos a mesma escola e devo dizer que eu tirava notas, não digo muito acima, mas bastante acima da média.

E, além disso, sentia-me muito gratificado porque podia ajudar os outros. Às vezes, alguma senhora com quem compartilhei a escola infantil me recorda a ajuda que lhe dei na escola, porque nos ajudávamos uns aos outros. Sim, é uma recordação muito boa. Com símbolos franquistas, em que nós não acreditávamos, nem nos dávamos conta. Mas não havia outra. Havia símbolos franquistas e também símbolos religiosos. Eu não tenho nenhuma experiência negativa da escola, todas são positivas. A mesma coisa vale para a infância no povoado.

Agora, todo o fenômeno de passar necessidade, de chegar a ter fome, não no sentido forte, mas passar necessidade, sim, preciso dizer que ali passávamos necessidade. A vida foi bastante dura nos anos quarenta do século passado. A vida em um povoado que tinha dinheiro, como tem agora, mas que não tinha agricultura e, portanto, não havia meios diretos que se pudesse controlar, mas dependia do que se achava, do contrabando, de muitas coisas. Repito que guardo uma recordação muito grata da escola. Porque ali aprendíamos. Aprendíamos a ler, aprendíamos geografia, aprendíamos história, aprendíamos a falar bem o castelhano.

– Sendo de um lugar fronteiriço entre León e Galícia, qual é o teu idioma de origem, aquele que falavas em casa?
Falávamos galego. Mas o galego de fronteira, que era um mau galego. Conclusão: não sabíamos nem o castelhano, nem o galego. Era um galego mal falado, como dizía-

mos. E, sobre isso, uma das grandes dificuldades que tive no seminário menor redentorista foi ter que falar castelhano e não saber falá-lo, ao menos, falá-lo bem. Eu tive a experiência de estar em um lugar e precisar falar um idioma que não conhecia; tinha que escutar os outros para ver como se falava e aprender a falar depois, no meu caso, em castelhano.

É uma experiência muito séria essa de ter sido inculturado, desde o nascimento, em um idioma, e além do mais, que não era um *galego galego*, mas um galego especial, de fronteira. Também por isso, voltando ao assunto anterior, agradava-me ir à escola, porque ali se falava bem o castelhano. Apenas na igreja e na escola se falava o castelhano. Entrávamos na igreja e tínhamos que falar castelhano. E entrávamos na escola, e castelhano, quando, no povoado, falávamos, toda a vida, o nosso galego.

— Com doze anos, ou seja, muito jovem, entraste no seminário menor redentorista de El Espino, em Burgos, Miranda de Ebro. Por quê? Já tinhas clara a tua vocação?

Não, eu não tinha clara. Quem a tinha clara era meu pai; porque ele tinha tentado ser irmão leigo franciscano e esteve em Santiago de Compostela. Tinha um carinho muito grande por Santiago, pelo convento dos franciscanos de Santiago. Contudo, dizia que por causa da saúde lhe disseram que não, que voltasse para o povoado. Tentou novamente, com os redentoristas em Astorga. Foi postulante para irmão coadjutor, porque já tinha uma idade avançada para aquela época, e além disso, não tinha estudos. Sendo assim, entrou para ser irmão. Ficou com a esperança de ter alguns filhos religiosos, um que fosse franciscano, e outro, redentorista. O franciscano, ele deixou para mais tarde, e tentou, mas não conseguiu. Um irmão meu esteve com os franciscanos e tem muito carinho por eles, mas no fim decidiu não ser franciscano. Depois, no povoado havia o Pe. Ceferino, como te disse antes, que levou um para os diocesanos, o meu irmão Senén. Quanto a mim, fui para os redentoristas.

Na família, era uma época em que já se podia sair, porque os irmãos trabalhavam e estávamos bem ou, ao menos, suficientemente bem economicamente, e era possível prescindir de uma mão de obra. Então, foi a minha vez. Vê que simples é poder prescindir de uma mão de obra. Por outro lado, um redentorista do convento de Astorga, onde era o teologado dos redentoristas espanhóis, ia até o meu povoado para pregar a Semana Santa. E tudo isso gerou uma relação com os redentoristas. Portanto, foi normal vir um padre de Astorga para pregar, sem dúvida um padre eminente, o Pe. José Pedrero, um zamorano inteligentíssimo, com uma inteligência privilegiada, mais tarde foi conselheiro geral em Roma, e antes, missionário na China. Ele não era tão bom de pregação, por isso o mandavam para os povoados pequenos como o meu, porque não conseguia pregar muito bem. Foi com ele que tivemos os contatos para que eu fosse para os redentoristas. Como vês, não foi uma decisão minha, mas de meu pai, e entraram em jogo todas essas referências que te acabo de contar.

– *Quais as lembranças da vida no seminário naqueles anos onde, suponho, passavas longos períodos sem voltar para casa e sem ver a família?*

No começo nós íamos para casa dez dias por ano, em julho, e mais tarde, vinte dias, mas só uma vez, no verão. O resto do tempo ficávamos ali, totalmente fechados. Além disso, El Espino não está em um povoado, mas fora do povoado, completamente retirado: tinha sido um mosteiro beneditino. Portanto, a vida era totalmente fechada. A lembrança que tenho daqueles anos é o estudo, mais que a piedade.

O estudo é a maior recordação que tenho. Para além disso, quase nada. Eu sou uma negação para jogos, porque ali só tinha corrida, o que chamavam jogo do "marro", caminhar (e por isso, gosto de caminhar), mas além disso... nada. Até o futebol chegou muito mais tarde. Sei um pouco um jogo de lançamento de bola. Mas, como disse, sou muito pouco ágil para os jogos e menos ainda para esse jogo, que exige muita força na mão.

Conclusão: daquela etapa em El Espino eu recordo os estudos, a convivência e as caminhadas. E pelo menos um pouco também de piedade. Por outro lado, também não tenho nenhuma má lembrança, mas sim estas que, embora poucas, foram boas. Mas sempre termino pensando comigo mesmo: "Foram anos que me tiraram". Mas era a época. Porque também foram tirados dos meus irmãos, embora tenham ficado no povoado. E agora não sabes onde ir pedir para devolverem esses anos.

– *Sim, mas tão jovem estar longe da família... Como convivias com isso?*

No começo eu sofria porque me lembrava de casa, ainda que fosse simples e até pobre, do carinho dos pais, da relação com os irmãos... Lembrava de tudo aquilo. Além disso, a atividade era tão intensa e, especialmente, o estudo, ao menos naquela época, que ficava aguardando ansiosamente o verão. Mas não me causou maiores problemas. Sei que foi um problema para alguns companheiros meus. Mas não para mim.

Claro que a questão da família me afetava, como é óbvio. Outras coisas negativas, não; apenas que naqueles anos poderia ter feito mais coisas e não tinha nenhuma possibilidade de realizá-las. Quando vejo quantas possibilidades os adolescentes e jovens têm hoje em dia... Se nós tivéssemos, se eu tivesse em minha época, com certeza seria outro. Mas assim são as coisas e as circunstâncias. Mais tarde, tive que refletir sobre o "peso da circunstância" na conformação da personalidade moral e, mais concretamente, na avaliação das decisões morais.

– *Suponho que foi ali, nesse período, onde se foi gestando tua vocação religiosa e, concretamente, tua vocação religiosa redentorista. Ou seja, entraste nos redentoristas e, como algo muito natural, fizeste a profissão nessa congregação no ano de 1956.*

Por um lado, foi algo tranquilo, no sentido de que quando fui para o colégio já sabia para onde estava indo. Ou melhor, me levaram para o colégio e já sabia para onde estavam me levando. Mais tarde fui assimilando. E tive que assimilar. Estou consciente de que não me deixei levar pela correnteza. Chega o momento em que precisas parar e dizer sim ou não. Lembro do quarto ano do colégio de então, em que me coloquei a questão da vocação de forma bastante séria. Foi durante o mês em que estávamos de férias no povoado. Também os superiores se colocavam a mesma questão: "Será que este tem ou não tem vocação...?" Eu desconfiava que os superiores se perguntavam isso porque via suas reações, acreditava ver, e então eu também me colocava a questão.

Lembro que, durante as férias daquele ano, no povoado, passei muitas horas na igreja, pensando o que deveria fazer, se sim, se não, e foi quando tomei a decisão de continuar. Naquela época se dizia "continuar". Como vês, por um lado, as coisas foram se encaminhando, por outro lado, foi uma decisão pessoal. Naquele tempo não se fazia distinção ou, ao menos eu não distinguia, entre vocação religiosa e sacerdotal. Apenas sabia que ia para ser missionário e que isso significava ser sacerdote. E ser sacerdote e missionário ainda significavam pertencer a uma instituição que era a vida religiosa. Assim, acredito que a forma de vida religiosa se foi configurando em mim.

– Ou seja, quando te ordenaste sacerdote em 1962 querias ser missionário.

Sim. Missionário no sentido amplo da palavra.

– *Mas, pensavas já em te dedicar à teologia e, concretamente, à Teologia Moral?*

Não, a coisa foi um pouco mais lenta. Depois da etapa do seminário menor, que foi em El Espino, perto de Mirando de Ebro (Burgos), e que durava seis anos, íamos para o noviciado. O noviciado era em Nava del Rey, um povoado grande da província de Valladolid. Recomendo que o visites. A igreja tem uma torre muito bonita, guardo a imagem dessas torres de igrejas dos povoados grandes de Valladolid. Mas encontrarás uma paisagem sem nenhuma árvore, nem sequer uma para sentar na sombra, somente aquelas árvores que crescem nos cemitérios, os ciprestes. Essa é a imagem que fica. E o calor imenso no verão, o frio intenso no inverno. Assim foi, ou ao menos assim eu vivi, minha passagem pelo povoado valissoletano de Nava del Rey.

Além disso, esse ano do meu noviciado foi um ano de frio. Mas, também conservo a imagem de um belíssimo céu estrelado, como nunca jamais voltei a ver, o céu imenso de Castela. Internamente, no interior da vida do noviciado, alguns de nós o víamos como uma etapa onde se "faz o jogo", onde se está sendo pouco utilizado, mas se passa por isso. Também houve elementos interiores fortes, e creio ter chegado a uma interiorização religiosa que, certamente, me fez muito bem. Foi quando me decidi ser religioso. Mas essa experiência e decisão sempre trazem consigo o ser religioso em uma congregação, uma congregação missionária. E para ser missionário é preciso ser sacerdote. Logo, chegou a longa etapa de Valladolid.

– *Certo. Depois, fizeste os estudos de filosofia e teologia. Onde fizeste?*

Em Laguna de Duero, praticamente em Valladolid, em um teologado (nós chamamos "estudantado", termo de origem francesa) recém-inaugurado (éramos o segundo ano depois da inauguração). Vivia-se a época da expansão das congregações, eram construídos grandes seminários. A província redentorista da Espanha fez um seminário imenso, que agora abriga a administração da rádio e outras coisas. E lá chegávamos de diversos lugares da Europa e América. Éramos uns 180, entre filósofos e teólogos. Filósofos e teólogos separados. Não podíamos nos relacionar, nem conversar, mas morávamos no mesmo prédio. Permaneci ali os três anos de filosofia e os quatro de teologia. Muitos anos.

Não tenho nenhuma recordação negativa forte. Mas, sim, tenho como chamativo algo que comentamos sempre que nos encontramos entre os companheiros: a perda de tempo em que vivíamos. Perdemos tempo. As manhãs eram para as aulas, as tardes para prepará-las. Para mim, a manhã já seria o suficiente. E o que fazias no resto do tempo? Porque, além disso, proibiam ler romances – precisavas pedir permissão. Aprendíamos alguma coisa de idiomas e, já no final, nos deixavam usar o famoso método *Assimil*.

Conclusão: perdíamos um montão de tempo que poderia ter sido empregado melhor. Por outro lado, nessa etapa ainda não podíamos ir até o povoado, nunca podíamos ir para casa. Bom, melhor não ter que ir, porque seguramente seria para a morte dos pais, já que não íamos para casa se não houvesse um motivo grave. Recordo que quando houve no meu povoado a ordenação dos três irmãos Fernández (Dácio, jesuíta; Primitivo, diocesano e Felipe, sacerdote de Placência, que depois foi bispo) permitiram que eu fosse porque era um acontecimento importante.

Mas, comumente, não se saía do teologado, de Laguna de Duero. Essa foi a longa etapa de filosofia e teologia. E sobre o que me perguntavas, sobre minha destinação para a Teologia Moral, respondo que todos se preparavam para tudo o que viesse. Primeiro te ordenavam sacerdote e depois os superiores decidiam.

– *Ou seja, a dedicação à Teologia Moral foi muito mais uma decisão dos superiores.*

Sim, claro. Havia a necessidade de um professor de Teologia Moral porque o que tínhamos era um pouco idoso e, além disso, de mentalidade casuísta – orientação que já não se aceitava. Portanto, era preciso enviar alguém para estudar Teologia Moral com uma nova orientação: pela Europa já se ouvia falar de Bernhard Häring na década de cinquenta, e por aqui, na década de sessenta do século passado. Era preciso um professor de Teologia Moral e com nova orientação.

Outro dado óbvio, era preciso escolher entre os elementos disponíveis alguém que tivesse capacidade. E, combinando esses dados, o superior provincial de então, de grata recordação para mim, o berciano Juan Pérez Riesco, decidiu que eu me preparasse para ser professor de moral com as novas orientações que já se sentiam na Igreja. Estes foram os motivos e as razões pelas quais fui estudar Teologia Moral. Simples, não é verdade?

– Foi já então que te enviaram a Roma?

Imediatamente não. Naquela época se ia a Roma fazer o doutorado porque, conforme a ordenação dos estudos eclesiásticos, a Academia Afonsiana não dava nem o grau de licenciatura nem o de bacharel, mas somente o de doutor. Mas, para fazer o doutorado era preciso a licenciatura. Os sete anos que fazíamos no teologado religioso não davam nenhum título, uma injustiça que existia. Depois de sete anos de estudos saíamos sem nenhuma titulação. Como também, depois, do colégio menor saíamos sem titulação alguma. Eu tive que ir ao instituto Cisneros de Madri para convalidar os estudos que fiz em El Espino e assim ter o título de bacharel. De modo que, depois dos estudos de Filosofia e Teologia, não podias ir para nenhum lugar, porque em nenhum lugar convalidavam teus estudos.

A opção era ir a Salamanca (ou outra universidade eclesiástica) e fazer um curso intensivo chamado de curso complementar. Esse curso complementar era dado em dois anos, mas também era possível fazer em apenas um ano. Para isso, era preciso se submeter a um exame prévio de cem teses. Sendo assim, no verão me preparei para as cem teses (acredito que eram cem, se tivesse que diminuir, ficaria com setenta, mas não eram menos), se passasses no exame recebias o grau de bacharel em teologia e precisava apenas um ano para conseguir a licenciatura. Eu fui aprovado, como outros muitos, porque o que tinha estudado servia para esse exame prévio de obtenção do bacharelado.

Fiz o curso complementar e, no final, fui examinado sobre outras cem teses para obter a licenciatura em teologia. Quando dava aulas, várias vezes contei aos meus alunos que precisei aprender e saber de memória as quarenta e três virtudes da tabela aretológica (tabela de virtudes) de Santo Tomás, porque o professor de moral, o Padre A. de Sobradillo, capuchinho, cobrava a tabela decorada. E, além disso, tínhamos que distinguir se eram partes subjetivas, potenciais ou integrais. Tudo isso serviu para quê? Ora, para não pensar em bobeira, para saber como era aquela teologia e para ter o título de bacharel e licenciado em teologia, e assim poder ir a Roma.

Mas, mesmo naquela situação, não havia muita pressa. E o provincial me disse: "Antes de ir a Roma, tens que fazer um pouco de experiência missionária, pastoral", então, participei de algumas Missões Populares, muito gratificantes, umas seis, sete ou oito, sobretudo na Andaluzia e Extremadura. Foi uma experiência muito agradável a da Missão Popular. Além disso, umas poucas aulas no nosso seminário de Valladolid. Foi então que acharam que eu estava preparado para dar o salto a Roma.

– *Logo falaremos um pouco sobre Roma. Mas, voltando a tua vocação religiosa, que foi acontecendo de forma, como dizias, quase natural, pergunto: nunca chegaste a pensar em casamento, ter família ou sempre tiveste clareza da vocação?*

Não recordo de me ter colocado a questão de casar e ter uma família, ao menos, não no sentido forte. Mas, obviamente, sim, gostava das moças. Isso sim e bastante. Embora precise dizer que víamos poucas moças, muito poucas. Tanto em El Espino, quanto em Valladolid. Existiam mais na imaginação. Este aspecto sim, estava presente, o aspecto afetivo. Fui assumindo-o sem maiores complicações.

No que diz respeito à integração da sexualidade, recordo que, naquela época, não houve maiores problemas, graças a Deus. Suspeito que a normalidade do ambiente e do sistema educativo foram fatores que me ajudaram nisso. Sobre a pergunta, insisto que propriamente questionar-me sobre formar ou não família, pode ser que tenha vindo como questionamento, mas não guardo recordação forte disso. Mas do que recordo, sim, é do despertar afetivo. Ao faltar o normal complemento feminino, suspeito que em mim foi muito forte a atuação sublimadora, verificada, tanto no estudo, quanto no sentimento religioso, mais no primeiro que no segundo. De fato, nunca fui dado a "sublimações marianas". Para mim, Maria é mulher real, como minha mãe e minhas irmãs, a mãe de Jesus e uma grande crente.

Pode ser que, nessa época de minha vida, o afeto tenha se canalizado para a amizade interpessoal, sem chegar a nenhuma das formas do que então se chamavam "amizades particulares". De fato, foi muito forte e continua sendo, o afeto e amizade entre os companheiros de curso. Curiosamente, é um traço distintivo de nosso curso, sobre o que poderão te contar os redentoristas espanhóis de minha geração.

– *Ou seja, sempre viveste o tema do celibato de maneira muito integrada.*

Melhor dizermos: suficientemente integrada. Integrada na vida de relações múltiplas e, sobretudo, na possibilidade que te dá de entrar em cheio no trabalho, concretamente, no estudo. Essa afirmação geral impede dizer que de minhas etapas anteriores não tenha sido possível ficar em mim elementos de carência, sobretudo na relação afetiva com a mulher imaginada. Não sofri, nem obsessão pelo outro sexo, nem medo ante o sexo complementário. Mas as carências de partilha de afeto, sim, tenho consciência de tê-las padecido.

Como te parecerá óbvio, senti isso mais em algumas épocas, as passadas, que em outras, presentes. Nesse aspecto, ajudaram-me muito os conselhos que recebi de confessores e de diretores espirituais, cujos nomes silencio, mas que guardo com afeto. Em geral, aconselharam-me que seria com o trabalho que superaria a carência do polo feminino em minha vida afetiva. E acredito que acertaram. Não em vão, dizia Sigmund Freud, que um dos sinais de saúde psíquica é a realização no trabalho, ou na profissão, ou na vocação. Repito: não me ficou isso de ter obsessão pelo outro sexo ou medo do outro sexo.

– De fato, a questão do outro sexo sempre está muito presente em tua obra.

Sim, mas sem medo. Sem medo e sem obsessão. Agora, que existam carências afetivas, existem: carências afetivas de relação com a mulher, carências afetivas familiares, que poderiam ter sido mais intensas, e ainda, carências de amizade com os companheiros que, naquele tempo, eram bastante cortadas. E isso eu levo comigo e tenho que integrar na minha vida.

– Marciano, falávamos que viveste a época do franquismo, de vários totalitarismos, a Segunda Guerra Mundial... Ou seja, fatos muito importantes e duros do século XX. Esses fatos influenciaram, de alguma maneira, em tua obra e em tua pessoa?

Influenciaram depois. Antes, quando estavam acontecendo, ou nessa etapa de formação (estamos falando até os 25 ou 26 anos) até o final da década dos meus vinte anos, não me dei conta do que acontecia no mundo: não me dei conta do franquismo porque vivíamos em um ambiente franquista geral em todos os lugares, e da Segunda Guerra Mundial não me lembro de praticamente nada. Comecei a ter um sentido político quando apareceu a proposta de J. F. Kennedy como novo líder católico na grande potência dos Estados Unidos. Isso sim, recordo-me, e o recordam vários companheiros. Foi o momento em que, por assim dizer, tivemos alguns lampejos de sensibilidade política. Mas antes não, porque não tínhamos rádio, nem televisão.

O prefeito lia os jornais para nós no recreio e lia o que achava melhor, praticamente só os títulos. Não podias te conscientizar politicamente. Mas depois, sim.

E, em minha obra, posso dizer que sim, levei muito em conta esse horizonte, o horizonte político, cultural e social do século XX. Mas, naquela época, eu não tive consciência disso. Não atribuo nenhuma culpa a ninguém, mas em Valladolid já tínhamos professores que haviam estudado na Europa e que nos podiam ter despertado o sentido crítico em política. Por que não o fizeram? Houve um, o professor Julio de la Torre, que não foi se especializar em Roma, mas em Lovaina, e voltou com sensibilidades críticas frente ao regime nacional-católico – na Bélgica e na Holanda havia então a postura católica mais progressista na compreensão da relação Igreja-Estado. E sabes tanto quanto eu que a *Gaudium et Spes*, por ter tido uma primeira redação em Malinas, tem essa afirmação da separação entre o poder político e a Igreja. E isso, precisamente, porque essa primeira redação foi feita em Malinas.

Voltando a Julio de la Torre, que depois foi professor na Academia Alfonsiana de Roma e no Instituto Superior de Ciencias Morales de Madri, recordo que me sintonizei muito com ele, tanto em filosofia, quanto nos aspectos de caráter eclesial e político. Não tenho muitas recordações sobre a vida social e política, apenas algumas. Lembro que tivemos que votar aqueles referendos do regime franquista que tu conheces. Tínhamos que descer a colina em que estava situado o teologado até o pequeno povoado de Laguna de Duero, e aí votar: em uma ocasião, nós, a maior parte dos estudantes, votamos contra. Foi quando o prefeito subiu ao convento para dizer aos superiores: "Mas, como vocês permitem que seus jovens votem contra o regime franquista?" É sinal de que houve certa conscientização política, mas pouca. Ela virá mais tarde.

– Desde cedo sentiste o gosto pela leitura, por estudar. Quais eram teus autores ou obras de referência já naqueles anos de formação?

Em primeiro lugar vinham as obras literárias de referência. Tinha grande interesse por literatura. Sempre, antes e agora. Havia principalmente a literatura novelística, romances espanhóis, romances de outras literaturas e poesia. Eu me dediquei um pouco à poesia, dei os primeiros passos poéticos em El Espino e, depois, em Valladolid. Depois, como mero exercício, tivemos que fazer versos em latim com forma e métrica exatas, bem como em grego, mas muito poucos. Então, fazer versos próprios. Portanto, os primeiros livros que frequentei foram essas referências literárias.

Quanto às referências de filosofia, a primeira delas foi a de cunho existencialista, como se chamava então: Martin Heidegger (que não era existencialista, mas nós o chamávamos assim) e o francês Jean-Paul Sartre. Para nós, o existencialismo mais e melhor assimilado foi o de Gabriel Marcel. Também havia referências filosóficas espanholas já que começávamos a ouvir, além de José Ortega y Gasset, também os nomes de Julián Marías e José Luis López Aranguren. Mas acredito que isso se dará mais tarde, quando aparecerão claramente essas referências filosóficas em minha vida.

Em Teologia, já havia o Pe. Yves Congar e os outros teólogos franceses dominicanos (Marie-Dominique Chenu, Louis Charlier) e não dominicanos (Jean Mouroux). Começava a aparecer no horizonte teológico a figura de Edward Schillebeekx, com sua ideia de "sacramento primordial" (Cristo, Igreja, outros sacramentos), bem como, menos, as figuras dos jesuítas Henri de Lubac com sua "meditação" sobre a Igreja e Karl Rahner com sua proposta antropológica ("transcendental") da fé.

Na etapa imediatamente anterior ao Concílio Vaticano II ganhou especial importância em minha configuração a teologia da liturgia centrada basicamente nos autores franceses que escreviam na revista *La Maison-Dieu*. Houve um professor, Gregorio Gonsález Olano, que nos iniciou muito profundamente e de forma criativa nessas sensibilidades da teologia litúrgica.

— Para terminar essa parte, poderias falar um pouco de tua experiência de Deus, de como foi evoluindo ao longo do tempo?

Devo dizer que entrei de forma muito natural e espontânea na ideia e na vivência de Deus, do religioso. Não entrei a partir de uma negação, mas sim, já percebida e sentida naturalmente. Mas também preciso dizer que depois houve muitas variações. Creio poder afirmar que a questão da sensibilidade religiosa, o sentido religioso, quem sabe seja a questão mais básica da minha vida, o que está no fundo de todo projeto pessoal, projeto de trabalho etc. Portanto, a ideia de Deus é decisiva.

Houve momentos em que a ideia mais decisiva foi de Cristo, de Jesus de Nazaré confessado como Cristo. Mas, tomando a vida em termos gerais, o fundamental foi a ideia de Deus. E aí sim, houve muitas variações, muitas. Primeira, um Deus que se pensava, como no povo, com naturalidade, como algo normal, praticamente como um senhor que está acima e que nos ama... Nunca tive medo da imagem do Deus tirano ou juiz, mas sim, muito mais, a imagem de um Deus Pai que te ama, embora também possa castigar quando fizeres as coisas mal. Mas primeiro vem o amor e depois o castigo.

Desse Deus conatural, depois passas a um Deus filosófico, sobretudo, como é lógico, na etapa dos estudos de filosofia. Veio a ser a formulação de Paul Tillich a que me deu uma grande segurança no conceito de Deus. Deus é a tua última referência, a base de tudo, o que te dá possibilidade de ser autônomo. Isso é Deus. Fica um pouco como o teu fundamento para tudo.

Depois, chega um momento em que a imagem de Deus já é de cunho pessoal, parece que és pessoa e que tens uma relação com ele de pessoa para pessoa. Essa variação supôs uma experiência forte. Mas aí, já se mesclam Deus e Cristo. Sabes que Santo Afonso de Liguori praticamente não distingue entre Deus e Cristo, e algo disso aconteceu também comigo. Depois, então, esse Deus pessoal entra em uma crise muito forte, quando te dás conta de que não pode ser pessoa. Lês Karl Rahner dizendo que o conceito de pessoa não é completamente válido para Deus e sofres uma crise muito forte, então te tornas religioso no estilo de fé em um Deus enevoado, estilo de uma espiritualidade oriental, pela qual passei durante certo tempo: um Deus enevoado. Não como o Deus primeiro do povo, mas sim, enevoado.

Para, depois, chegar a uma etapa de um Deus de encontro, em que se trata de uma busca de encontro, que é a experiência mística, desejoso de ter uma experiência mística. Foi quando fiz meus primeiros passos nas experiências de oração de recolhimento que Santa Teresa utiliza muito bem, mas não é dela, pois tomou do terceiro abecedário do franciscano Francisco de Osuna. Eu passei alguns anos fazendo a experiência religiosa de recolher todas as minhas potências e me encontrar com o fundo da alma, encontrar Deus ali, e me fez bastante bem.

Depois, esse Deus já não te basta, e tem que ser Cristo, tem que ser Jesus. E é quando desaparece Deus e aparece a pessoa de Jesus de Nazaré. Passei bastante tempo com Jesus de Nazaré. Até que, então, te convences de que se ficares apenas em um homem não é suficiente. E passas a Jesus confessado como Cristo, mas logo vem a crise Jesus-Cristo, até que buscas recuperar outra vez todo o fundamento da experiência de Deus, e a experiência de Deus integrada em Jesus de Nazaré e em tudo o que possam crer todas as confissões religiosas. Este parece ser o momento em que estou hoje. Houve uma etapa em que a Trindade teve um papel importante. Em algum momento foi o Espírito Santo algo decisivo em minha vida. Como podes muito bem supor, também o é hoje.

– Sem dúvida, o Espírito atua em toda a vida humana e, de fato, na tua obra Nova Moral Fundamental, a presença da Trindade é forte.

Sim, a presença da Trindade está aí como algo fundamental em minha proposta acadêmica de fundamentação da ética teológica. Também foi muito importante em minha experiência de Deus durante toda a minha vida.

– É que, para a Teologia Moral, é muito importante a imagem de Deus que temos...

É importante e sabes que não é um tema suficientemente estudado. Eu teorizei dizendo que não pode ser um Deus heterônomo. Não acredito, nem nunca acreditei, nesse Deus. Também teorizei dizendo que pode ser um Deus bondade. E esse sim é um Deus válido. Mas, depois, é preciso que seja um Deus com muito mais a dizer que a pura bondade. E passas por esses momentos de ter uma ideia de Deus que é, ao mesmo tempo, uma experiência religiosa.

Nunca deixei de reconhecer minha insistência na fundamentação antropológica da moral cristã e, em geral, do significado do cristianismo. Mas ninguém que tenha lido com imparcialidade o conjunto de minha obra escrita pode deixar de reconhecer a base e abertura de todo o humano em, e na, teologalidade, ou seja, em, e para, Deus.

– *Para encerrar essa parte: ao longo da vida também há crises e momentos complicados. Quais foram as experiências mais difíceis ou mais duras que tiveste ao longo da vida?*

A experiência mais dura foi o encontro que tive com a Congregação para a Doutrina da Fé. E, quanto a experiências negativas, teria que pensar; acredito que não tive muitas, além das normais que podem acontecer no normal devir biográfico. Nesse sentido, fui bastante afortunado.

SEGUNDA PARTE

O CONCÍLIO VATICANO II
E O PÓS-CONCÍLIO

– *Começo com uma pergunta simples: o que foi o Concílio Vaticano II para ti?*

Pois, olha, posso dizer que o Concílio foi a razão de ser de minha trajetória teológica. Eu me considero um teólogo moralista do Concílio Vaticano II e para o Concílio Vaticano II. Sem ele, possivelmente, não seria o que sou. Porque o Concílio forjou meu ser teológico e proporcionou uma referência para o trabalho de renovação teológico-moral que, em seguida, tentei desenvolver ao longo de minha vida.

Por outro lado, o Concílio, e a referência a ele, proporcionaram-me o antídoto contra qualquer tentação de involução e de voltar atrás. E tudo isso eu entendo, não tanto nos conteúdos (do Concílio) mas, sobretudo, em seu espírito.

– *Lembro de ter lido em algum site que uma das experiências mais privilegiadas de tua vida foi assistir, na praça de São Pedro, ao encerramento do Concílio Vaticano II. Como recordas esses anos?*

Estava em Roma para começar meus estudos de doutorado. E, certamente, disse isso, mas sabendo que não é mais que uma frase sintomática de algo muito importante.

Porque a experiência de ter estado na praça de São Pedro na missa de encerramento do Concílio é um pouco anedótica. O importante, o categórico, é tudo o que o Concílio significou.

Antes de ir a Roma já sabia o que era o Concílio Vaticano II, havia entrado nele e já desejava fazer uma Teologia Moral de acordo com o Concílio. De fato, ante de ir a Roma, antes de estar na praça de São Pedro em 8 de dezembro de 1965, já havíamos tido, aqui em Madri, um congresso de Teologia Moral renovada, com a presença de Bernhard Häring. Por ocasião da celebração de uma data histórica dos redentoristas da Espanha, organizamos um congresso em Madri nesse mesmo ano de 1965 (de 13 a 16 de outubro), no qual pretendemos fazer a apresentação da Teologia Moral renovada na Espanha, quase como algo próprio dos redentoristas (*Renovación de la teología moral*. Madri, Perpétuo Socorro, 1967). O padre provincial da época, o já citado Juan Pérez Riesco, encarregou um grupo de pessoas, de que eu fazia parte, que o organizássemos.

A vinda de Bernhard Häring para o referido congresso foi algo muito importante em razão do significado que tinha seu nome para a renovação moral e porque ele estava trabalhando no Concílio. Recordo que fui seu guia naquela ocasião. Quando fomos acolhê-lo no aeroporto, disse-nos que trazia uma grande alegria, porque o Concílio acabara de aprovar o número 16 do decreto conciliar *Optatam Totius*, ou seja, acabava de aprovar o número chave para a renovação da teologia moral: "Tenha-se especial cuidado em renovar a Teologia Moral...". O Concílio não havia terminado, mas já estava antecipada a renovação teológico-moral. Como bem sabes, Berhard Häring colaborou na redação desse texto juntamente com Josef Fuchs, professor da Universidade Gregoriana em Roma. Os dois redigiram esse parágrafo de número 16, parágrafo bem feito e que indica como deve se renovar a Teologia Moral: "exposição científica", "nutrida com maior intensidade pela doutrina da Sagrada Escritura", "para mostrar a excelente vocação dos fiéis em Cristo", "com a finalidade de produzir frutos, na caridade, para a vida do mundo".

O congresso a que me refiro foi de grande confrontação entre duas posturas: a renovadora e a que pretendia manter a situação da moral casuísta. De fato, participaram dele os pesos pesados da moral casuísta. Esteve, entre outros, o professor de moral do seminário de Madri, que acabara de publicar três grossos volumes de Teologia Moral, Enrique Valcarce Alfayate, diocesano de Madri, ainda que, como indica o primeiro sobrenome, procedente da zona de Bierzo, próximo da Galícia. Era cem por cento casuísta e se opôs frontalmente a Bernhard Häring, que saiu vencedor do confronto. Não havia outro remédio senão aceitar que o mundo tinha mudado.

Como vês, antes de ir a Roma já havia em mim um interesse claro, uma aposta clara pela renovação da Teologia Moral. Bernhard Häring esteve outras vezes em Madri para confirmar a renovação teológico-moral. Eu fui a

Roma com essa segurança. A segurança de que ia estudar a moral renovada. Não ia para estudar a moral casuísta. Dessa eu já sabia bastante porque a tinha estudado durante anos. E outra opção clara que recebi: para ser professor de moral não precisava estudar Direito Canônico. Porque, antes, os professores de moral estudavam Direito Canônico e depois faziam alguns cursos de Teologia.

Eu tinha que entrar em cheio no estudo da moral renovada segundo o Concílio Vaticano II. Com esse espírito, entrei nos estudos diretamente relacionados com a especialidade da Teologia Moral, com o espírito do Vaticano II. Portanto, eu não estive em Roma no período em que aconteceu o Concílio. Cheguei no final, quando a opção por uma renovação da Teologia Moral já estava clara e assegurada.

– Mas, conservas alguma recordação de quando João XXIII fez a convocação do Concílio? Como foi acolhida?

Recordações pessoais de João XXIII obviamente não tenho nenhuma, e as que tenho são de quando estava na Espanha, no seminário maior. São lembranças muito positivas. Mas a assimilação do significado histórico de João XXIII precisei fazer mais tarde, quando já estava em Roma. Da mesma forma, a assimilação do significado do papa Paulo VI.

Sobretudo, tive que fazer a assimilação do que significou João XXIII no Concílio e para o Concílio, mas isso foi mais tarde. Agora, bem, conhecia e tinha assimiladas suas contribuições sobre a doutrina social da Igreja, especialmente por meio da *Pacem in terris* (1963) e um pouco da *Mater et Magistra* (1961), documentos que precisei estudar ainda em Valladolid, antes de ir a Roma. E essa foi minha relação com João XXIII.

– *Há algo muito peculiar no teu caso. Porque há muitos outros teólogos que, como tu, estudaram uma teologia pré-conciliar e o Vaticano II lhes causou quase uma crise: ter que refazer, de alguma maneira, todo o seu esquema mental, todo o seu pensamento teológico, eclesiológico etc. No âmbito da Moral isso também aconteceu. Ou seja, a Moral quase teve que nascer de novo. E, em teu caso, já estavas preparado, já eras consciente da necessidade de fazer Teologia Moral de uma forma diferente. Ou seja, o Concílio não significou uma crise desse tipo para ti.*

Interpretas muito bem o que aconteceu, o que aconteceu comigo e com outros companheiros meus. E a razão está em termos sido formados, desde a tábula rasa, na moral casuística, que era a de nossos professores de moral. Mas já não acreditávamos nela. Éramos nós, os próprios alunos, que não acreditávamos nela.

Além disso, paralelamente funcionava a leitura da obra de Bernhard Häring, porque já tínhamos sua grande obra de então, *Das Gesetz Christi*, A lei de Cristo (1954) = [*A Lei de Cristo: Teologia Moral para Sacerdotes e Leigos*. 3 Tomos. São Paulo: Herder, 1960]. E nós, que aprendíamos alemão, já estávamos entrando um pouco nas páginas daquele grosso volume. Mas, sobretudo, o que funcionou em minha etapa de Valladolid foi a leitura da obra de Bernhard Häring na tradução feita pelos redentoristas franceses (como vês, tudo ficava em família): L. Verrecke, F. Bourdeau e A. Danet, que traduziram para o francês a obra de Häring em três volumes e a adaptaram como sabem fazer os franceses.

De fato, Häring ficou conhecido precisamente por meio da adaptação francesa. E em Valladolid já a utilizávamos, porque, para nós, era mais fácil ler em francês que em alemão. Por isso, já tínhamos uma formação paralela à moral casuísta. E sabíamos que essa formação paralela, também a partir das autoridades de nossa província e da própria realidade, era a que iria prevalecer. De modo que, como disseste bem, não houve crise.

Houve crise no sentido do "sei uma coisa, mas não me serve, e já então me coloco na nova orientação". Não foi uma crise de conflito, mas sim um deixar que desapareça o anterior, o velho. Ao mesmo tempo, tenho que dizer que estou muito contente de ter estudado a moral casuísta por três ou quatro anos, sobretudo, por meio do manual de Joseph Aertnys e Cornelius Damen, que sabíamos quase de cor, e além do mais, em latim. O Aertnys-Damnen, posteriormente completado por Jan Visser, era o que aprendíamos quase de memória, porque, além de tudo, mantinha uma lógica implacável: "Daqui (hinc) se segue isso, e isso, e isso...".

— Tens alguma recordação, ainda que seja de ter lido na imprensa, de todas as disputas que realmente estavam acontecendo no Concílio entre teólogos, bispos...?

Sim, líamos (falo no plural porque participava do que tínhamos em Valladolid, não era especial para mim, mas para todos) as crônicas do pároco de Valladolid, José Luiz Martin Descalzo, entre outros motivos, porque assinávamos a *Gazeta do Norte* e suas crônicas vinham na Gazeta. E, desse modo, tínhamos acesso a essas crônicas. Às vezes, eram lidas para nós no refeitório. Seguíamos as notícias tal como Martín Descalzo as contava, e as seguíamos um pouco também porque tínhamos outra revista, em francês, *Témoignage Chrétien*, a que nós teólogos tínhamos acesso, e também nela havia informações e notícias sobre as disputas do Concílio. Na realidade, como vês, tudo muito de segunda mão.

– *Naquela época ainda eras muito jovem. Tinhas consciência realmente do que a Igreja estava colocando em jogo no Concílio?*

Não. Consciência total, não. Mas sei que tinha consciência de que precisava nascer um mundo novo. Disso sim, era consciente. Em minha vida funcionou um categorema aprendido de um companheiro canadense que também o utilizava muito: *Gone with the Wind* (... E o vento levou), e o precisei vivenciar claramente três ou quatro vezes na vida.

E o vento levou a formação que tive em Valladolid. *E o vento levou* a formação que tive em Roma. Ficou como fundamento, e talvez como um fabuloso fundamento, não muito mais que isso. Depois, quando dás conta dessa formação baseada na Bíblia, bonita, a moral patrística e os sacramentos, e isto, e este outro... então vem a secularização e já parece que novamente não te fica mais nada de nada. *Gone with the Wind*... E o vento levou.

Então, inseres-te na secularização e chega outra forma de pensar, de caráter religioso, agreste, dura, silvestre... e te perguntas o que fica da secularização, se o que existe agora são religiões exageradas, e outra vez, *Gone with the Wind*: vai tudo por água abaixo. E, quando tudo isso passa, o que fica depois? O que fica para ti? Não fica nada na aparência e na superfície, embora permaneça de outra maneira, no fundo.

Isso aconteceu na vida de meus companheiros e, em geral, também na minha. E é preciso deixar que o vento leve... O que quero dizer é que eu não me dei conta de todo o significado do Concílio Vaticano II, mas sim, dei-me conta de que uma nova teologia e uma nova etapa eclesial estavam começando.

– Qual o clima que se respirava – ou ouvias que se respirava – na Igreja espanhola, inclusive entre teus mais próximos? Havia realmente desejo de mudanças?

Eu estava à margem da Igreja oficial espanhola, de modo que não posso opinar muito. Sim, opino sobre o ambiente de minha Congregação naquele preciso momento, não agora. E tenho que dizer que, naquele momento, ou quem sabe, três anos mais tarde, minha província optou pela renovação.

Alguns anos depois de encerrado o Concílio, em 1971, tivemos um capítulo provincial, e o fato de se fazer um capítulo é sinal de que antes, três ou quatro anos antes, houve algo interessante, e nesse caso foi a decisão de optar plenamente pela renovação. E isso se deve a que o provincial anterior, que me enviou para estudar, embora fosse de mentalidade antiga, se deu conta de que as coisas tinham mudado, e pediu que viesse um provincial de mentalidade totalmente nova: veio Antônio Hortelano, um grande renovador da Teologia Moral, como sabes. Enquanto provincial, durou apenas três anos, mas possibilitou uma renovação profunda na província, renovação que não teve mais volta.

De tal maneira que sempre nos sentimos muito à vontade na aceitação da renovação teológica como tal. Uma renovação, tenho que dizer, que não era nada crítica, nem tão pouco exagerada, mas consistia em aceitar os textos do Vaticano II, lê-los, pregá-los e vivê-los. O que já é bastante.

E, sobre isso, por essa época, ou imediatamente depois, não me recordo com exatidão, passei dois ou três verões com um companheiro mais velho que eu, o grande missionário Luciano del Burgo, para pegar os textos do Vaticano II e colocá-los em linguagem corrente, para serem pregados. Passamos três verões fechados em uma de nossas casas religiosas; recordo que dois verões foram na casa de Vigo, com vista para o rio de Vigo, muito belo, no Vigo antigo, não onde temos a casa agora, que é Coya; e outro verão foi em Santander, dedicados a fazer um grosso volume, que podes ver, está ali, intitulado *La predicación para los tiempos nuevos.*

E o que fizemos foi tomar os textos do Vaticano II para colocá-los em linguagem de pregação. Posso te dizer que foi um trabalho duro, mas belíssimo, porque precisei ler detalhadamente todos os textos do Vaticano II. Foi uma leitura pouco crítica, tenho que confessar, pois era literal, ou melhor, conceitual, mas não contextualizada. Mas me ajudou muito e ajudou muito os missionários, porque desde aquele momento pregamos o Concílio. Não pregamos o contexto do Concílio, mas sim a letra do Concílio, que já é muito.

Colocaram esse missionário comigo (e eu com ele) porque eu trazia os textos do Concílio e ele a forma utilizada pelos conservadores, os missionários. E então, como havia essas duas pessoas, os de mentalidade aberta o aceitavam porque eu estava junto, e os de mentalidade conservadora me aceitavam porque ele estava junto comigo. Foi uma experiência bonita.

Com isso, quero dizer que em nossa província se produziu uma ruptura que custou muito, mas que não foi dolorosa como tal, aceitou-se bem. Foi quando apareceram aquelas palavras, jargão teológico do qual nos rimos agora, com as que, quando pregávamos, dizíamos que aí está o *Kyrios,* que pregou a *basileia* e a todos pede uma *metanoia.* Eram palavras que usávamos naquela época e que, atualmente, suscitam em nós um sorriso de benévola compreensão diante daqueles desejos, um tanto adolescentes, de renovação teológica.

– O Concílio tem quatro constituições, nove decretos e três declarações, além de diversas mensagens. Mas todos nós, de alguma maneira, temos o nosso documento preferido. Qual acreditas que seja o documento que melhor reflete o Concílio Vaticano II?

Homem de Deus, como é uma questão em que tive que trabalhar, não como especialista, mas sim, tive que trabalhar muito os textos do Vaticano II, para mim é bastante difícil escolher agora. Por isso, vou te dar diversas respostas.

Para mim, a constituição que reflete o espírito do Vaticano II em termos gerais é a *Gaudium et Spes*. Sem dúvida, é o documento com que tive maior sintonia e sobre o qual mais trabalhei e que mais utilizei. E, além disso, estou convencido de que a apresentação básica e fundamental permanece válida; sua base cristológica, eclesiológica, trinitária e pneumatológica da relação da Igreja com o mundo está bem formulada; depois, há temas para a moral que ainda estão por desenvolver, como o matrimônio e a família; um pouco, a cultura, mas está aí; a economia ainda está por desenvolver, e depois, o que é a relação entre Igreja e poder civil, poder religioso, que também está muito bem tratado. O mesmo acontece com a valorização da conflitividade, guerra, paz, terceiro mundo, desenvolvimento... Portanto, se tivesse que responder apenas com um documento, diria que aquele que melhor expressa o Concílio é a *Gaudium et Spes*, que é também o que dá mais destaque para a moral.

Mas preciso reconhecer que o texto e constituição mais básica, mais profunda, é a *Dei Verbum*. Sem dúvida. É a base da configuração do discurso teológico geral, do discurso teológico-moral e, contudo, ainda não foi explorada suficientemente. A concepção que tem de Tradição é uma maravilha, a concepção de revelação é outra maravilha, e a combinação entre Sagrada Escritura e Tradição, a mesma coisa maravilhosa, e ainda, o lugar do magistério como intérprete das duas, mas não como quem determina, algo que aí está claro.

E, se me perguntas qual é a constituição que, teologicamente falando, deu mais frutos, diria que é a constituição *Lumen Gentium*, pois oferece muitos materiais para mudar e para fazer uma teologia nova. Pois bem, se me perguntas para o povo cristão, como o que fica para eles é a missa em castelhano, a constituição *Sacrosanctum Concilium*. E se me perguntas pelos problemas de hoje, e os de ontem e amanhã, estão na declaração *Dignitatis Humanae*, e na relação com as grandes religiões e com o povo judeu (*Nostra Aetate*). E já antes, provavelmente, estão na eclesiologia de comunhão (*Unitatis Redintegratio*).

Como vês, é uma riqueza imensa a do Concílio Vaticano II. Eu guardo com carinho muito grande e me sinto muito feliz de ter lido várias e muitas vezes os textos do Vaticano II e ter que resumi-los e trabalhá-los detidamente, em um primeiro momento, não contextualizado, e depois contextualizados eclesialmente, e mais tarde ainda, contextualizados já em termos de sociedade e de cultura.

– Não há dúvida de que, com todos os seus limites, o Concílio supôs a chamada a uma nova forma de fazer Teologia Moral. Poderias indicar algumas das implicações concretas que teve nesse campo?

Claro. Tivemos que refazer todo o edifício da Teologia Moral, quem sabe ainda mais que as outras disciplinas teológicas, porque o casuísmo já não servia como paradigma. A partir de então, a Teologia Moral recuperou a condição de teologia propriamente dita, quando antes estava excessivamente vinculada ao direito canônico. Portanto, foi recuperado algo essencial da epistemologia teológica para a moral, sua base bíblica e o bom uso da Tradição da Igreja.

Além disso, também foi aprofundada a relação com as ciências humanas, algo indispensável para o discurso teológico-moral: antropologia, psicologia, sociologia. E isso foi muito relevante para quase todos os temas da moral, de modo especial, os referentes à ética sexual e bioética. Mesmo assim, foram sendo encaixadas muitas contribuições na moral fundamental com a introdução de novas categorias ao lado da prevalência que o ato moral tinha antes. Agora se fala também de atitudes, de opção fundamental... E se fala de maneira diferente sobre outras questões básicas, como a consciência e o pecado.

Também foram feitas muitas contribuições no campo da moral social, sobretudo porque tentou dialogar melhor com os contextos civis e, inclusive, com posturas diferentes. O tratado de bioética é praticamente todo ele novo. Definitivamente, o Concílio significou, de alguma forma, um novo começo para a Teologia Moral cristã. O falecido agostiniano, Vicente Gómez Mier, com agudeza e com a bagagem de conhecimentos que tinha, escreveu um livro – que se tornou um clássico – sobre a *Refundación de la teología moral* (Estella, Verbo Divino, 1995). Efetivamente, a renovação teológico-moral pós-conciliar foi uma autêntica refundação de todo o campo, fundamental e concreto, da Teologia Moral católica.

– Falamos, antes, de Bernhard Häring, um dos grandes moralistas do século XX e, ao mesmo tempo, figura importante em tua trajetória. Teve um papel de destaque no Concílio Vaticano II. Alguma vez ele contou algo de suas experiências?

Alguma coisa, sim. Mas não era de contar muita coisa na relação interpessoal. Fazia isso quando estava falando em público. Na conversação privada, como fazemos muitos de nós, falava mais do tempo, disso e daquilo. Agora, quando ele estava em público, sim, abria sua alma e contava bastante coisa.

A figura de Bernhard Häring, como vimos antes, já estava presente em minha vida, no teologado e em meus primeiros anos de sacerdócio. Bernhard Häring era onipresente em tudo o que significava moral renovada. Sabia que era o renovador da Teologia Moral, sabia que era redentorista e, além do mais, tinha todos os seus livros: primeiro, o livro grosso em alemão e depois a tradução francesa; mais tarde chegou a tradução castelhana da editora Herder.

Antes de eu ir a Roma, Häring já esteve presente aqui em Madri, algo que não se sabe muito. Conforme contei, esse congresso em que Bernhard Häring participou foi decisivo. Porque, naquela época, tivemos alguns superiores que não estavam muito bem formados, mas eram inteligentes. E disseram: aqui há um filão, e é preciso se inserir nele, porque somos nós que temos seu nome ou, como diríamos hoje, somos os donos dessa "marca". Como eu tive, e continuo tendo, consciência da importância decisiva de Bernhard Häring para as questões da Teologia Moral católica, e inclusive ecumênica, do século XX e do XXI, decidi aprofundar o significado de sua figura e de sua mensagem e escrevi um livrinho sobre ele e seu pensamento teológico-moral com o título *B. Häring, un renovador de la moral católica.* (Madrid, Perpétuo Socorro, 1998) = [*Bernhard Häring: um renovador da moral católica.* Santuário/Paulus: 1998. 145p.]

Se tivesse que escolher os cinco moralistas que mais decisivamente marcaram a configuração da moral católica até hoje, escolheria: Agostinho de Hipona, Tomás de Aquino, Francisco de Vitória, Afonso de Liguori e Bernhard Häring. Pode ser que, quando terminar de redigir a história da teologia moral, reúna em um tomo os tratados que dediquei a esses cinco ases da Teologia Moral católica, com o título: *Os cinco teólogos que mais influenciaram no devir da teologia moral católica.*

– *Não vamos falar dele, mas, curiosamente, na Espanha havia um outro grande moralista naquela época, o jesuíta Marcelino Zalba, que morreu não faz muito tempo em Loyola. Havia relação entre eles?*

Eu conheci pessoalmente, embora pouco, o Pe. Zalba, muito bom religioso e consumado casuísta. Acredito que não havia sintonia entre ele e Bernhard Häring. Eles se respeitavam, mas no pensar eram radicalmente diferentes e até opostos. Houve temas em que adotaram publicamente posturas radicalmente opostas. Por exemplo, na moralidade da contracepção e na correspondente postura ante a doutrina da encíclica *Humanae Vitae*, também na interpretação do pensamento de Santo Afonso de Liguori na moral matrimonial.

Marcelino Zalba era muito estrito em questões de moral individual, sexual, matrimonial e familiar. Bernhard Häring, pelo contrário, sustentava essa postura restrita para questões morais de caráter social e institucional. Recordo um detalhe: em um congresso, Marcelino Zalba sustentou fortemente a afirmação do *intrinsece malum* (ações sempre más) nos campos da moral pessoal, mas, acossado por alguns de nós que participávamos do congresso, chegou a afirmar que em moral social era difícil aplicar a teoria do *intrinsece malum* [intrinsecamente mau].

Provavelmente, nos mesmos âmbitos morais, Bernhard Häring teria colocado o sinal de "sim" e de "não" inversamente aos propostos por Marcelino Zalba. O Pe. Zalba não veio ao congresso que celebramos em Madri, mas sim, vieram outros jesuítas casuístas, e se enfrentaram com Häring. Provavelmente Marcelino Zalba estivesse em Roma naquele período.

– Acredito que Bernhard Häring manteve outro enfrentamento mais clamoroso com o moralista Carlo Caffarra, atual arcebispo de Bolonha e cardeal da Igreja, que surgiu recentemente alinhado com um grupo de cardeais oposto a algumas pretendidas reformas do Papa Francisco. Tiveste notícia desse enfrentamento com Häring? Estavas presente?

Sim, tive conhecimento porque estava presente. Foi realmente um enfrentamento extremo. Aconteceu durante a celebração de um congresso de bioética organizado pela Academia Afonsiana e celebrado na Universidade Lateranense de Roma (1988). Todo o Congresso, desde sua preparação até as atas, passando por sua celebração, esteve marcado por suspeitas e imposições vindas dos dicastérios romanos. Eu mesmo tive que andar na corda bamba para redigir a crônica do evento (*Studia Moralia* 26, 1988, p. 285-290). Pois bem, ali aconteceu o enfrentamento entre Häring e Caffarra sobre a moralidade da contracepção e de outras intervenções no campo da bioética.

Em outra ocasião, o enfrentamento teve lugar entre Caffarra e outro grande teólogo da etapa pós-conciliar, o alemão Franz Böckle. É preciso saber que Caffarra tinha fama de ser um galo de briga e que, naquele momento, era muito estimado por João Paulo II, por quem, se dizia, era paternalmente chamado de "Carlitos".

– João XXIII, dizíamos antes, teve um papel fundamental ao convocar o Concílio. Contudo, Paulo VI também o teve, porque no fundo, foi quem fez o Concílio aterrissar. Suponho que tenhas mais lembranças dele...

Sim, lembro mais de Paulo VI e, sendo sincero, o que preciso ser, eu aprecio mais Paulo VI que João XXIII. João XXIII deve ser admirado mais como um relâmpago. Eu admiro Paulo VI, mas também tenho que dizer que no meu íntimo (também em meus escritos), cobrei muito dele, escrevi coisas duras, e não me arrependo, porque devemos o Concílio a Paulo VI, pois, se não houvesse sido ele, não teria sido retomado, não teria sido escrito nenhum documento: eram muitos os que não queriam o Concílio e tinham dito: "Acabou-se". Mas a Paulo VI se deve a continuação do Concílio, e em segundo lugar, a ele se deve os grandes textos do mesmo Concílio, dado que, por exemplo, *Dignitatis Humanae* não teria sido aceita se não fosse por ele. E o mesmo com *Gaudium et Spes* e outros textos.

Mas a Paulo VI devemos também, não saberia dizer a palavra exata, o ter parado o Concílio. Não digo desviado, mas sim, parado o Concílio. Ele o parou, deteve. Eu disse coisas muito duras sobre Paulo VI e continuo pensando assim, na esperança de ter mais anos para mudar minha opinião.

– *Por que essa avaliação tão dura de Paulo VI?*

É óbvio que no Concílio, e depois dele, havia muita gente importante trabalhando e colaborando com Paulo VI. Sua maneira de ser era de uma grande timidez psicológica, deixava que os outros falassem, escutava, mas também valorizava demais algumas pessoas. Supervalorizava em excesso o valor de alguns, frente a outros, e se deixava influenciar muito pelo que diziam. Assim era sua psicologia.

Por outro lado, era uma pessoa que não queria inimizade com ninguém, mas escutava, principalmente, o pessoal de direita, e isso, sabendo que ele era mais de esquerda, que tinha uma formação diferente. Mas, o pior, é que em grande medida frustrou a evolução do Concílio, frustrou o pós-Concílio. Falo, pensando, sobretudo, na evolução histórica da Teologia Moral.

Devemos a Paulo VI documentos como a *Humanae Vitae* (1968) para a moral matrimonial, ou *Persona Humana* (1975) em moral sexual. Esses documentos significaram muito para a Teologia Moral e para seu desenvolvimento, dado que foram tentativas de fechar radicalmente qualquer tentativa de renovação. E isso se deveu, principalmente, a Paulo VI.

Depois virão os outros documentos conservadores da época de João Paulo II, por exemplo, *Donum Vitae* (1987), mas na realidade tudo já tinha sido dito antes. Porque, se Paulo VI não tivesse escrito esses dois documentos, teríamos hoje uma moral sexual muito diferente da que temos. Seria uma moral sexual de orientação personalista, da que fizeram esboços alguns moralistas da época, como Ambrogio Valsecchi ou Antônio Hortelano. Ou seja, teríamos outra moral sexual e não teríamos os problemas que temos hoje com a família, sexualidade etc., e isso se deve a Paulo VI.

Porque as coisas podiam ter evoluído de outra maneira. Os que vieram depois, que eram conservadores, já encontraram o trabalho feito e colocaram todos esses mesmos problemas no campo da bioética, como aconteceu com a instrução *Donum Vitae* (1987). Mas o problema já está na *Persona Humana* e na *Humanae Vitae*.

– Aprofundaremos mais adiante o significado desses documentos para o desenvolvimento recente da teologia moral. Pode ser?

Totalmente de acordo. Deixemos para mais tarde.

– Mas, tiveste contato com Paulo VI naquela época?

Contato com Paulo VI não tive mais que em três ocasiões, embora por motivos de congregação, capítulos e outras coisas; relação pessoal com ele não tive. Nenhuma relação negativa e, tampouco, positiva. Com Paulo VI era preciso esperar muito, pedir ajuda a outros que, além disso, tinham muita influência sobre ele, como aconteceu no Concílio, fazendo-o mudar em muitas coisas. Por isso, digo-te que apenas tive contato com Paulo VI em encontros públicos, sobretudo da congregação, e pouco mais.

Contudo, nós redentoristas temos desse Papa dois documentos de interesse moral. Um, em que nos diz para termos cuidado com o relativismo etc. Este é o que citam todos os conservadores, começando por alguns que falam de moral em nosso entorno e que sempre aludem a essas palavras de Paulo VI: "Tende cuidado...".

Mas, de Paulo VI também temos outro documento, muito bom, em que ele nos anima a fazer Teologia Moral e diz que a Academia Afonsiana é muito boa etc. Isso eu ouvi diretamente em um encontro depois de um capítulo geral, porque ele não leu, mas falou. Durante seu discurso, chegou um momento em que deixou o papel, mas como na ocasião havia gravadores, dos antigos, pudemos registrar suas palavras, apesar de que no texto oficial não se fez referência a isso. Foi algo muito espontâneo seu.

– Já falamos da importância que teve o Concílio, não só em geral, mas também, para Teologia Moral, dado que foi o impulso para todo o imenso movimento de renovação posterior, apesar das dificuldades que aconteceram. Como crês que se desenvolveu o pós-concílio em relação às questões da moral?

Em primeiro lugar, gostaria de sublinhar a primeira afirmação que fizeste, ou seja, de que o Concílio Vaticano II fez duas coisas para a Teologia Moral, que devo ter dito em aula alguma vez: primeira, encerra a moral casuísta, e segunda, abre a porta para outro paradigma de moral. A esse novo paradigma chamamos de moral renovada. Portanto, o Vaticano II é um Concílio muito valioso para a Teologia Moral.

O que disse o Pe. Yves Congar no congresso para leigos em Roma, recém-terminado o Vaticano II, de que era um Concílio que não dizia nada para a Teologia Moral, não é certo. Porque tem, ao menos duas coisas: encerramento da etapa anterior e abertura para a nova etapa. Bernhard Häring apoiou isso na Academia Afonsiana, e Josef Fuchs também o apoiou na Universidade Gregoriana, e ambos foram os dois pesos pesados que disseram: "Isto mudou".

Sobre o que perguntaste: como se desenvolveu o pós--Concílio em relação à moral? Olha, vou te falar das crises pelas quais passou a Teologia Moral na etapa pós-conciliar. A primeira aconteceu no período de Paulo VI. Já comentei que esse Papa freou, em grande medida, a renovação moral pedida e propiciada pelo Vaticano II. É uma sombra, a meu entender, não pequena, dentro do magnífico pontificado do papa Montini.

Depois, veio o pontificado de João Paulo II que, para a moral, foi um rolo compressor arrasando muitos brotos existentes e impedindo que nascessem outros. Refiro-me, diretamente, ao que chamamos "moral da pessoa" (moral matrimonial, moral sexual e bioética) e não à moral ou doutrina social da Igreja (aí estão suas magníficas encíclicas *Laborem Exercens*, *Sollicitudo Rei Socialis* e *Centesimus Annus*). Então, voltou ao poder eclesiástico o grupo que tinha sido minoria no Concílio e ficado em segundo lugar ante a maioria renovadora. Certamente, essa maioria conciliar se havia tornado maioria no povo de Deus em favor da renovação. Com João Paulo II, o que era minoria no

Concílio se tornou poderosa e se adonou da Igreja. Confesso que pensei que o Concílio tinha desaparecido.

Tive essa impressão, especialmente, quando li aquela conversa do cardeal Joseph Ratzinger com um jornalista italiano, o *Informe sobre a Fé* (1983), onde questionava seriamente o pós-Concílio. Aí se podia ler a afirmação de que a realização do pós-Concílio havia sido um processo globalmente negativo. Isso acontecia no ano de 1983, nas vésperas de um sínodo extraordinário de bispos convocado para ver o que pensava a Igreja sobre o Concílio. Eu disse para mim mesmo: "Foi destruído". Quando o sínodo terminou eu respirei. Porque esse sínodo disse que o Concílio havia sido, e era, uma passagem do Espírito pela Igreja.

A partir desse momento apareceu, no discurso oficial, uma "retórica" a favor do Concílio Vaticano II. Acredito que era mais "retórica" que "convicção". João Paulo II entrou em cheio nessa retórica, afirmando que o Concílio era como "a bússola" para navegar nos mares do presente e do futuro. Essas afirmações tiveram lugar, sobretudo, por ocasião da celebração do Jubileu do ano 2000 e se concretizaram em dois textos: *Tertio Millennio Adveniente* (1994) e *Tertio Millennio Ineunte* (2001).

Mas, antes da virada do século, ocorreram para a Teologia Moral dois fatos muito negativos. O primeiro teve a ver com chamada *Declaração de Colônia* (1989). O segundo, mais importante, foi a publicação do *Catecismo da Igreja Católica* (1992) e da encíclica *Veritatis Splendor* (1993).

– *Marciano, poderíamos aprofundar esses fatos mais adiante?*

Com certeza.

– *Por enquanto, dizemos: "estamos nele..."*

Estamos nele, graças a Deus. Olha, já disse e repito agora: estou muito contente, porque agora não morrerei com o pesar de ver destruído o Concílio Vaticano II. Não morro com esse pesar. Morrerei com alegria de saber que o Vaticano II tem vitalidade e pode continuar iluminando o caminhar da Igreja. O papa Francisco não está dizendo como interpretar o Concílio, mas sim, está vivendo o Concílio e segue as orientações conciliares.

Lembras que Bento XVI aproveitou a primeira oportunidade que teve para falar como o Concílio deveria ser interpretado (dezembro de 2005). O papa Francisco não fala muito sobre o Concílio, mas o colocou em prática e está colocando. O Vaticano II não é um absoluto, nem algo definitivo: houve Éfeso, Calcedônia, Latrão IV, Trento etc. Haverá outros concílios. Mas, para a nossa geração, aquele que chamamos, simplesmente, de Concílio, apesar das crises da etapa pós-conciliar, continua sendo a bússola que orienta nossa navegação cristã no presente.

TERCEIRA PARTE

TRAJETÓRIA ACADÊMICA OBRA TEOLÓGICA

– Tens uma obra imensa. Publicaste sobre todos os temas da moral, sobre autores, sobre Santo Tomás, sobre Santo Afonso, sobre Häring, sobre quase tudo... Até o ponto de seres um dos teólogos moralistas mais importantes na renovação teológico-moral depois do Vaticano II. Quais foram, agora sim, os autores mais influentes em tua formação e também em tua compreensão da moral cristã?

Embora eu não dissesse dessa forma, o que dizes está correto. Mas o entendo como uma missão e o entendo também com uma graça que tive, de ter estado em todos os campos da Teologia Moral. Considero isso como muito positivo, embora tenha a contrapartida de não te identificarem por um campo concreto de especialidade. És um generalista da Teologia Moral, embora, de fato, a Teologia Moral em si mesma já seja uma especialidade. E assim, dentro do campo da Teologia Moral, tratei de quase todos os temas, embora cada um sabe quais temas conhece melhor.

Perguntas pelo meu *background* enquanto teólogo moralista. Certamente, podes supor que no fundamento de meu pensamento teológico moral está sempre presente e atuante a Sagrada Escritura, mais o Novo Testamento que o Antigo e, dentro do primeiro, mais o conteúdo dos evangelhos que os escritos restantes, sejam paulinos ou joaninos. A partir de meus estudos na Academia Afonsiana, meu trabalho na Teologia Moral, seja o tema que for, está configurado pelas estruturas linguísticas e semânticas da Bíblia.

Também podes supor que faço uso dos escritos patrísticos, mais dos latinos que dos gregos. Atraem-me, especialmente, os escritores que, em minha época de formação, chamávamos Padres Apostólicos (Didaqué, Inácio de Antioquia, Carta a Diogneto, etc). Dos Padres gregos, sempre tive uma predileção especial por João Crisóstomo e por São Basílio. E, acima de todos eles, para mim a referência patrística primária é Santo Agostinho de Hipona.

Dos teólogos, procuro usar aquele que mais e melhor analisou o tema concreto que estou estudando. Confesso que o uso permanente que, por motivos de estudos, preciso fazer dos moralistas casuístas, cansa-me e aborrece-me. Não te dão prazer na forma como se expressam, que sempre é plana, monótona e repetitiva. Quanto ao conteúdo, é difícil encontrar alguma novidade.

Quando considero meu *background* teológico, para mim a figura decisiva com que me senti à vontade em todos os temas de teologia é a do jesuíta Karl Rahner. Por quê? Porque é o grande teólogo do século XX, o teólogo que também apresenta uma configuração de pensamento filosófico e dialogou em profundidade com a cultura de hoje. Alguns acusam Rahner (entre outros, Hans Küng) de não ter história da teologia, seu ponto fraco, e que, fora o tema da penitência, não conhece a história dos outros temas, não a conhece ou se lhe escapa; mas, para mim, a profunda e ampla visão teológica de Karl Rahner foi decisiva. Considero seu *Curso Fundamental da Fé* como um curso básico para qualquer teólogo [*Curso fundamental da fé: Introdução ao conceito de cristianismo*. São Paulo: Paulus, 1989. 544p.].

Também o teólogo dominicano belga, Edward Schillebeeckx, foi importante para mim, sobretudo por sua hermenêutica correlacionista existencial do Novo Testamento, por usar teologia sacramental e por sua síntese histórica sobre o matrimônio. Lembro que uma vez o ouvi falar sobre a necessidade de reordenar o setenário sacramental proveniente de Pedro Lombardo. Não conheço, se é que existe, o resultado de suas reflexões.

Nessa breve descrição de meu background também deve ser nomeado Yves Congar, com sua eclesiologia e sua pneumatologia e com suas, ainda válidas, reflexões sobre a tradição e sobre as reformas.

– Desde o ponto de vista propriamente moral? Também escreveste algo sobre Tomás de Aquino e outros autores que tiveram uma produção moral importante.

Falando em termos gerais, há três teólogos que tenho por meus grandes e contínuos iluminadores: Tomás de Aquino, Francisco de Vitória e Afonso de Liguori. O primeiro me proporciona a estrutura básica de pensar em moral; o segundo me anima a uma contínua criatividade; o terceiro me indica a orientação prática para uma solução benigna e salvífica.

Vais dizer que recorri aos três grandes padroeiros da Teologia Moral. Sim, em meus inícios como teólogo escrevi um artigo sobre a moral de Santo Tomás e sobre sua possível atualização. E no ano de 1974, faz muito tempo, celebramos um centenário da morte de Santo Tomás, minha parte era estudar o aspecto moral. Não é que então tenha nascido meu interesse pela teologia de Santo Tomás. Em certa medida fui formado nela, embora interpretada com mentalidade um pouco conservadora, em Valladolid, em Salamanca e em outros lugares. Para mim, foi decisiva a concepção tomasiana da moral, tanto filosófica, quanto teológica. De fato, sinto-me mais identificado com a moral tomasiana que com a moral franciscana.

Embora tenha estudado um pouco São Boaventura, não me sinto identificado completamente com ele, pela forma que São Boaventura tem de relacionar fé e razão, sua base para todo o restante. Dá muita força para a fé, com menosprezo, às vezes, para a razão, e isso não me agradou. Sinto dizer isso, sobretudo, pensando nos muitos e bons amigos franciscanos, que tantas vezes me chamaram para dirigir cursos de renovação: *amicus Plato, sed magis amica veritas*. Mas gostaria de não estar certo sobre isso.

Depois, sempre tive interesse pelos jesuítas, pela moral jesuítica. A moral jesuítica me foi útil, sobretudo a dos séculos XVI e XVII, o casuísmo foi configurado pelos jesuítas. Daí vem a indelével marca jesuítica, ao menos até esse momento, da moral católica. Creio que a marca do que fazem os jesuítas é maior que a do que dizem e escrevem.

– E Santo Afonso? Sobre ele escreveste vários livros e, além do mais, em tua obra sempre está muito presente sua dimensão pastoral.

O que Santo Afonso me deu é o que chamamos de espírito pastoral da moral. Mas, não muito sob o ponto de vista da Teologia Moral propriamente dita. Agora, realmente te digo, não acredito que exista alguém (não lembro de ninguém vivo) que tenha lido tantas vezes e tanto a *Theologia Moralis* de Santo Afonso. Desconto, como acabo de dizer, os muitos falecidos, como o benemérito editor da *Theologia Moralis* afonsiana, Léonard Gaudé. Por exemplo, uma vez passei trinta dias seguidos lendo essa obra afonsiana e tomando notas.

Do trabalho, saiu uma obra que considero muito boa e que creio ser uma mostra do que pode significar um estudo sobre a gestação de um livro e os conflitos que traz consigo. A obra se intitula *Frente al rigorismo moral, benignidad pastoral* (Madri, Perpetuo Socorro, 1986); foi traduzido para o italiano (Roma, Academia Afonsiana, 1992). O atual Padre Geral, o canadense Michael Brehl acaba de me dizer – 6 de novembro de 2015 – que ofereceu este livro ao papa Francisco por ocasião da saudação pessoal no sínodo ordinário sobre a família (outubro de 2015), do qual participou como convidado do Papa.

Santo Afonso não me deu conteúdos, mas me proporcionou o sentido pastoral, o sentido da bondade, da misericórdia, uma metodologia de como se solucionam os casos, e me deu algo que é muito útil, conhecer Santo

Afonso para poder citá-lo frente os conservadores, para dizer se alguém está na linha de Santo Afonso.

Por exemplo, quando se diz: "Não se pode usar o preservativo nem sequer em perigo de contágio de AIDS", cito Santo Afonso dizendo que "não podes exortar alguém a pecar, mas podes exortar a que peque menos". E isso quem diz é Santo Afonso! E isso eu mesmo tive que repetir. Eu não peço que pequem, mas Santo Afonso disse: "Que pequem menos". Se vais ter uma relação sexual, que realmente vais ter, ao menos, peca menos! (ou seja, não te exponhas e exponhas a outra pessoa a um perigo contra a vida). Não é preciso exortar *ad peccandum* (a pecar), mas podes *ad minus peccandum* (a pecar menos). E nessas coisas os casuístas apresentam frases muito boas que podem ser utilizadas. Santo Afonso, como era napolitano, tinha uma grande agilidade mental e imaginação viva, e além disso, era jurista, conhecia muito bem esses subterfúgios e também os sabia utilizar muito apropriadamente.

– Além dessas referências à Teologia Moral clássica, poderia nomear alguns moralistas mais recentes que te influenciaram de modo especial para configurar teu sistema moral, ou ao menos teu pensamento, em temas básicos da moral?

Sim, quem sabe seja mais interessante conhecer os autores contemporâneos que configuraram meu *background* teológico-moral. Se me obrigares a fazer uma lista muito pequena teria que me limitar a assinalar estes quatro: Bernhard Häring, Josef Fuchs, Franz Böckle e Richard

A. McCormick. O primeiro me proporcionou inspiração contínua, o segundo me indicou como passar da moral casuísta para a moral renovada, o terceiro me deu a fundamentação filosófico-linguística para os juízos morais e o quarto me alertou sobre a necessidade de ter uma mente sempre aberta para as mutáveis situações da história.

Terei que acrescentar outro autor de referência em meu trabalho: Louis Vereecke. Dele aprendi a "fazer história" no campo da Teologia Moral. Também tenho que nomear Servais-Théodore Pinckaers, mas em sua primeira fase, ou seja, antes de passar a posturas conservadoras, ainda que não extremas. Por motivos que bem sabes, não aludo a moralistas de minha geração e da seguinte. De muitos deles também aprendi e continuo aprendendo muitas coisas. Nomeio apenas alguns de minha geração: F. Furger, K. Demmer, D. Mieth, R. Simon, X. Thévenot, Ch. E. Curran, D. Mongillo, E. Chiavacci, A. Autiero, G. Piana, L. Lorenzetti, E. López Azpitarte, A. Sanchís, M. Antolí Guarch, G. Mora, B. Bennàssar, J. Gafo, J. R. Flecha e um grande *et caetera*.

— Mais tarde voltaremos a alguns desses moralistas citados. Perguntarei sobre tua relação com eles. Pode ser?
Muito bem. Vou atender teu pedido mais tarde.

— Continuando com as influências teóricas sobre teu pensamento, gostaria de saber quais consideras tuas principais referências de caráter filosófico e antropológico.

Para minha configuração da Teologia Moral foi decisiva a compreensão antropológica. Não poderia ter feito Teologia Moral sem antes fazer uma síntese pessoal da concepção sobre a condição humana, analisada desde a psicologia, desde a sociologia, desde a sociocultura, desde a filosofia.

Nesse aspecto, os autores mais próximos da minha forma de pensar foram José Luis López Aranguren, Pedro Laín Entralgo, Julián Marías e Xavier Zubiri. Citei-os na ordem de importância para mim, não conforme a cronologia, nem segundo seu valor objetivo. Também foram importantes as correntes do existencialismo, da fenomenologia – sobretudo, francesa – e da crítica cultural.

– Falamos de teus estudos de Filosofia e Teologia, mas também fizeste estudos de Psicologia. Por quê?

Pelo motivo que acabo de assinalar na pergunta anterior. Olha, quando terminada a teologia fui para Roma e me preparava para dar aulas de moral, me dei conta de que era imprescindível uma antropologia para a Teologia Moral. Antropologia no sentido muito amplo, a concepção da condição humana. Naquele momento a concepção antropológica que tinha mais importância era a psicológica. Depois veio a sociológica. Mais tarde a cultural. E, como naquele momento a base antropológica mais importante era a psicológica, pensei: ora, vou fazer uns estudos de psicologia.

Em Madri ainda não havia estudos de psicologia, nem em Madri, nem na Espanha; não havia faculdade de psicologia, que veio um pouco mais tarde. O que havia em Madri, no casarão do antigo noviciado dos jesuítas na rua São Bernardo, era a Escola de Psicologia e Psicotecnia. Eram dois anos de estudos, pela tarde, opção que caía bem. Encontrei-me com vários padres que também estavam interessados pelos estudos psicológicos, fomos companheiros e nos tornamos amigos. Portanto, fiz esses estudos e os terminei. Quis depois validá-los na faculdade, mas me deparei com a dificuldade da estatística, da matemática e disse: para quê vou gastar tempo e ganhar um título a mais. Porque podia ter estudado matemática. Por isso, tenho diploma da Escola, mas não o da Faculdade. O importante foi o contínuo interesse pelos estudos de psicologia.

– Para a Moral há alguns temas em que isso se nota, porque, afinal, é parte da antropologia.
Sim. Depois dos estudos de psicologia tive que me abrir para a antropologia sociológica e antropologia cultural, que é decisiva. Houve uma época em que todos fomos marxistas, na década de setenta do século passado (maio de 68!). Lembro que uma vez, numa aula em Comillas, mencionei com euforia o maio de 68, e uma aluna levantou a mão e perguntou: "O que é isso 'maio de 68', eu nem era nascida". Não voltei a citar a data, ao menos não com a euforia com que o fiz naquela ocasião.
Naquela época, prevalecia uma antropologia de corte dialético, como chamávamos. Durou pouco tempo, mas

deixou uma marca. Quanto aos estudos regulares, eu me interessei pela psicologia. Naquela ocasião, havia ramos distintos em psicologia e eu fiz psicologia clínica. Porque havia cursos comuns e, depois, diversas psicologias. Eu fiz psicologia clínica porque era a mais próxima da moral, mas era psicologia.

– Voltemos um pouco para antes dos teus estudos de psicologia. Pediram que fosses estudar Teologia Moral em Roma. Em que ano foi isso?

Foi em 1965; comecei os estudos no outono desse mesmo ano.

– O que encontraste ao chegar em Roma? Como era o ambiente?

Pois, em primeiro lugar, encontrei-me com um mundo mais aberto que aquele do qual vinha. Um mundo intelectualmente aberto. Encontrei-me com uma cultura italiana insuspeita para mim. Aí havia cultura, mas cultura à flor da pele, por todas as partes. Encontrei uma televisão que dava gosto de ver, um rádio ágil e cheio de conteúdos variados, com debates... Encontrei uma Igreja que estava tentando assimilar o Concílio. E, já mais internamente, encontrei-me com uma Congregação Redentorista muito estudiosa, lançada aos estudos da Teologia Moral.

– E na Academia Afonsiana, o que encontraste? O que recebeste dela?

Eu entrei na Academia Afonsiana sabendo onde estava entrando, porque, inclusive, os que faziam moral na Gregoriana frequentavam alguns cursos na Afonsiana. Disse para mim, ou me disseram (o que dá no mesmo): por que ir para outro lugar quando outros, que querem saber de moral, vêm frequentar cursos na Afonsiana? Naturalmente, participei de conferências em outros lugares, mas fiquei estabelecido na Afonsiana.

E preciso dizer que esses estudos me configuraram para meu trabalho em Teologia Moral. Sem dúvida. Porque me deram a base, se não dos conteúdos, ao menos da configuração da moral bíblica. Tinha dois bons professores de moral bíblica, um do Antigo e outro do Novo Testamento, que me introduziram na moral bíblica, na qual eu sempre me senti muito contente e muito à vontade. Lembras como dei o curso de moral bíblica em Comillas, não? Pois, sentindo-me muito à vontade.

Não tanto do Antigo Testamento, porque não passei dos rudimentos do hebraico. Quanto ao grego, em Roma, preocupei-me em ir ao Instituto Oriental e fazer cursos de grego para dominar o grego bíblico. No Instituto Oriental – muito próximo do nosso colégio, na via Merulana – um jesuíta inglês dava uns cursos fabulosos de grego bíblico e patrístico.

A Academia Afonsiana também me deu as bases patrísticas. Tinha um professor que nos entusiasmava com a patrologia. Não interessava tanto que autor ou que texto utilizávamos, o importante era se encontrar com a base patrística da teologia, ou seja, com o fundamento da orientação patrística.

Havia ali um professor de história da moral, Louis Vereecke, cujo método de estudo marcou meu trabalho na história da teologia moral. Mais ainda, levou-me a atualizar, em cada problema moral, sua origem e seu devir históricos. O mencionado professor também nos entusiasmava com a história da moral. Certamente, tinha um carinho especial pela moral da Escola de Salamanca, do século XVI.

A parte de fundamentação era frouxa. Porque o que havia eram cursos de Bernhard Häring, um pouco massivos, sobre a moral e os sacramentos, e sobre outras coisas desse tipo, mas, por serem massivos em razão do prestígio do professor, não podiam entrar nos problemas de epistemologia e fundamentação. A fundamentação crítica e a autêntica epistemologia da Teologia Moral eu precisei descobrir por minha conta. Tu sabes que a peculiar epistemologia teológico-moral nós a trabalhamos mais tarde. Creio que posso dizer que foi na Universidade Comillas onde foram dados, pela primeira vez, cursos específicos sobre a epistemologia teológico-moral.

Na moral geral, era tratada de uma forma nova a questão da consciência. Na exposição sistemática desse tema brilhavam a criatividade e os dotes de exposição do professor espanhol Antônio Hortelano. Não por menos, o livro que publicou, em italiano e em espanhol, sobre a consciência, com o título de *Moral Responsable*, não perdeu seu vigor nos aspectos básicos [*Moral Responsável*. Lisboa: Edições Paulistas, 1970]. Essa visão teológico-moral da consciência era apoiada, desde a perspectiva da psiquiatria, por outro professor espanhol em sua condição de médico psiquiatra. Sobre os temas da responsabilidade, do pecado ou das virtudes, não descobri grandes novidades. O mais destacável nesses cursos foram as referências aos filósofos antigos, gregos e romanos.

De moral do matrimônio havia alguma coisa; de moral sexual, muito pouco e a moral social veio depois. Na moral concreta não aprendi grande coisa. Mas ainda assim aprendi muito na Academia Afonsiana. E obtive o título de doutor em teologia com especialidade em moral, como se dizia então. Para isso, tive que trabalhar duro, já que o provincial não me concedeu nem um dia a mais para fazer esse estudo. Eu o fiz durante os dois anos de aula. Depois, sim, me deu uns dias para viajar a Roma para defender a tese.

Naquela época havia pessoas, e ainda acredito que existam, dizendo que não queriam saber de títulos. Lembras que eu sempre disse que o título é necessário, consiga o título e depois faça o que quiser. Eu apliquei esse conselho a mim mesmo.

– Fizeste a tese sobre o discurso missionário de Mt 10. Por quê?

Olha, não posso dar muitos motivos. Além disso, os motivos são muito simples. Em primeiro lugar porque, naquele momento, a parte mais avançada da Teologia

Moral era a moral bíblica. Eu aprendi de meu pai: "Não entres em nenhum lugar onde tu não sejas o melhor; mas, onde possas sê-lo, não deixa de entrar". Levado por isso, que, provavelmente, é um conselho arriscado, vi que a parte mais difícil da moral e onde se achava que os alunos faziam boas teses era a moral bíblica. Antigo Testamento? Eu não dominava o hebraico, por isso fui para o Novo Testamento. E nele há um texto – me disse o diretor – que para nós redentoristas é muito importante.

Trata-se do discurso de *Mt* 10, que contém valiosas exortações morais para os missionários. Naquele momento estavam fazendo a tese doutoral em Teologia Moral outros dois redentoristas e nós três éramos bons amigos, os dois eram canadenses, mas um falava francês e o outro inglês, e escolheram um tema bíblico melhor que o meu. Um (G. Therrien) escolheu a análise do conteúdo moral do verbo *dokimazein* nas cartas de Paulo; a tese foi publicada em uma boa coleção francesa: Études Bibliques e é admirada por biblistas e moralistas. O outro (R. Correveau) escolheu o tema da Moral cultual nos escritos do Novo Testamento. Minha escolha não foi a melhor. Mas, bem, aí está o resultado. A tese foi publicada. O que mais poderia pedir? O importante naquele momento era conseguir o título.

– Pensei que Häring tinha sido teu orientador, mas não foi assim, já que fizeste com o professor Alphonse Humbert, um redentorista francês. Fico surpreso que, naquele momento,

não tenhas escolhido Häring como orientador já que era quem tinha mais nome.

De fato, meu diretor de tese não foi Bernhard Häring, que por aquela época tinha muito trabalho e pouco tempo para orientar teses, embora as orientasse. A ele vinham muitos alunos que queriam conseguir o título e retornar para suas dioceses na África, Ásia ou América Latina, também Europa, falando que tinham feito a tese com Bernhard Häring. O que quero dizer é que quem vinha de fora queria fazer a tese com ele porque tinha muito nome, mas estávamos na mesma casa e conhecíamos sua forma rápida de corrigir e de aprovar.

Outros professores tinham mais prestígio como orientadores de tese, entre eles se encontrava Alphonse Humbert. Por outro lado, era considerado um dos mais "exigentes" diretores de tese. Se eu quisesse seguir os conselhos de meu pai, tinha que me dirigir a ele. Na realidade, Alphonse Humbert apenas escreveu alguns artigos sobre moral bíblica, publicados na *Revista Bíblica* e *Studia Moralia*. Contei, certa vez, o conselho que quando ele estava no hospital deu a um outro professor: "Cuida de ti, fulano, porque escrever um livro a mais ou a menos não importa, o que importa é a saúde". Isso dizia ele, que havia escrito apenas alguns poucos artigos.

Contudo, era muito exigente com os doutorandos, sobretudo desde o ponto de vista metodológico, que era o que mais me interessava. Os outros alunos até olhavam com certo respeito para nós, doutorandos de Alphonse Humbert, porque orientava a nossa tese esse professor francês, pois não aceitava dirigir qualquer aluno. Sabes bem que essas coisas acontecem nos ambientes fechados dos centros acadêmicos. Para mim, fazer a tese me agradou como exercício acadêmico, nada mais. Como sabes, está publicada. Até houve um estudo de certo polonês sobre esse meu trabalho de tese, se quiseres consultá-lo está aqui.

– Mesmo assim, embora não tenha sido Häring o teu orientador de tese, ele é, sem dúvida, o grande moralista da renovação teológico-moral, ao menos, o primeiro. Tu me disseste antes. Agora, eu te pergunto: qual foi tua relação com ele?

Minha primeira relação com Bernhard Häring foi em Madri, antes de ele ser meu professor. Depois, relacionei-me com ele como seu aluno. E, logo, também como companheiro e colega. De modo que foram diferentes formas de relacionamento. Como seu aluno, posso dizer que Bernhard Häring era o grande professor daquele momento e aprendi muito com ele, sobretudo orientações básicas e gerais, pois suas aulas eram sempre cheias de orientações originais muito valiosas.

Nós, alunos, dizíamos que tínhamos que aguentar os cinquenta minutos de aula pelos três minutos que realmente eram espetaculares e dos quais se tirava proveito. Sobretudo, valiam esses três minutos, mas ninguém sabia quando seriam. Se soubéssemos quando eram esses três minutos estaríamos presentes neles para logo irmos embora. Tomando o que disse como piada, tenho que dizer que aprendi muito de Bernhard Häring em suas aulas.

Podes supor que o que digo das aulas vale, e com maior razão, para seus escritos. Estes foram os principais inspiradores na minha preparação como teólogo moralista. Já depois, como colega, foi para mim muito grata a relação que tivemos. Ele teve uma aceitação de pai para filho, sem dúvida. Ficou contente, satisfeito e eu me senti também, se não em sentido filial, ao menos fraternal, e inclusive um pouco filial também. Sempre o considerei e me relacionei com ele em Roma, estando na mesma casa, ou quando estávamos juntos em outro lugar. Häring era, além disso, de um trato muito simples, muito agradável. Era muito profeta quando estava na aula, mas na vida ordinária era muito simples e acessível. Em nada superior e, no bom sentido, nada alemão.

Quanto à recepção de minha moral, ele não estava totalmente de acordo e não gostava muito de algumas coisas. Acredito que não conseguiu entender muito bem. O fato de eu ter dado tanta importância para a dimensão antropológica, por exemplo, não achou muito bom. E até escreveu que em minha obra havia demais a dimensão antropológica e que seria preciso que eu entrasse mais na teologia, mais base teológica, algo que eu mesmo nunca neguei precisar. Como bem sabes, sempre dei muita importância para a dimensão teologal da Teologia Moral e o meu tratado de moral fundamental é praticamente todo teologalidade ou, ao menos, em grande medida, mas talvez não tivesse me expressado assim naquela época, e Bernhard Häring não conheceu minha *Nova Moral Funda-*

mental, mas apenas a *Moral de Atitudes*, que certamente é de caráter muito mais antropológico.

No mais, senti muito o que fizeram com ele no final da vida, com uma espécie de processo. A título mais pessoal, tenho com ele uma espécie de consciência culpada, no seguinte sentido: quando houve o meu caso com a Congregação para a Doutrina da Fé, não lhe disse nada. Porque pensei: "A quem digo, a quem não digo". E não disse a Bernhard Häring porque, se tivesse falado, ele o teria feito público imediatamente. Naturalmente, para me defender. E eu não queria publicidade sobre o fato. Além disso, bastaria que Bernhard Häring me defendesse para que tivesse sido pior, dada a tensão existente entre ele e as autoridades vaticanas. Assim, sinto por não lhe ter dito, mas são as coisas.

Bernhard Häring morreu em 1998. Eu estava na Espanha, precisamente, no meu povoado, quando fiquei sabendo de sua morte e disse a mim mesmo que tinha que ir ao funeral. Vim para Madri e peguei o avião. Ele morreu em Gars, junto a Munique. Ali, em Munique, esperava-me Miguel Rubio, que estava na Alemanha em funções pastorais, e fomos os dois ao enterro. Estivemos tanto no funeral quanto no enterro. De fato, naquela tarde caiu uma tormenta sobre o lugar. Aquilo tinha algo de simbólico: a terra se entristecia, até cheguei a pensar que estávamos enterrando o Concílio. E preste atenção: nenhuma autoridade eclesiástica compareceu! Apenas um capelão. Sabendo o que tinha significado e trabalhado Bernhard Häring pela Igreja. Foi muito triste. Mas estávamos nós, um pequeno grupo que o amávamos. Isso era o bonito. Representando toda a Congregação, o Padre Geral celebrou a Eucaristia.

– Mas, é possível dizer que Häring também influenciou tua obra e tua concepção de Teologia Moral?
Sem dúvida sua influência foi muito grande, pois, como já disse, tinha conhecido sua grande obra *A Lei de Cristo* durante meus estudos de teologia e depois sempre tive boa relação com ele. É claro que cada um é irrepetível, mas diria que sua influência sobre minha obra foi sobretudo em três aspectos fundamentais.

Em primeiro lugar, a opção por uma renovação da Teologia Moral continuando as orientações do Concílio Vaticano II. Em segundo, a marca personalista que sempre procurei dar à moral cristã, uma moral de base bíblica e de orientação personalista e dialógica. Em terceiro, a pastoralidade, ou melhor, a benignidade pastoral, e aqui seguimos o espírito do fundador da congregação a que ambos pertencemos, Afonso de Liguori. Ambos buscamos, desde uma moral fundada na Escritura e no mistério de Cristo, optar pela pessoa dando uma mensagem de salvação, de misericórdia e de libertação.

– Além de Häring, tiveste muita relação com os teólogos moralistas mais importantes de todo esse período. E, sempre em moral, como em todas as áreas da teologia, distinguem-se umas concepções e outras, e se fala de moral autônoma, da ética da fé... Tiveste relação com Fuchs, Auer, Böckle, Demmer...

Como disse, em minha condição de teólogo moralista considero como pais e mestres e, portanto, dignos de respeito e de admiração, Bernhard Häring, conforme acabo de comentar, Josef Fuchs, Franz Böckle, Richard A. Mccormick e, acrescentando agora, Alfons Auer. Tive contatos, não muito numerosos, mas tive contatos bastante significados com estes que acabo de nomear, menos com Alfons Auer, a quem nunca encontrei e nem tive relação direta com ele, embora tenha me influenciado muito na concepção da moral autônoma. Mas, naquela época, Auer não era considerado entre os moralistas, porque não tinha publicado quase nada, além de um artigo sobre a moral autônoma. Também não participava de congressos. Eu não me lembro de tê-lo visto em nenhum congresso. Portanto, eu o conheço de ter lido algo seu, que não é muito, já que também não foi muito o que publicou.

Sim, conheci Franz Böckle, que era exuberante, um suíço alemanizado, valente, de pensamento poderoso filosoficamente e sem nenhum medo de falar com liberdade. E não é que tenhamos sido amigos, porque é difícil a amizade entre intelectuais de duas gerações distintas, mas sim, houve admiração de minha parte em relação a ele, e acredito, de respeito e acolhida de sua parte para comigo. Sempre existiu uma consideração muito boa de ambas as partes.

– Sua moral fundamental – me refiro a de Franz Böckle – É, sem dúvida, das primeiras e mais importantes do pós-Concílio, e além disso, é uma obra de enorme potencial

teológico. No caso de Fuchs, é estranho, porque Fuchs não tem uma moral fundamental publicada, a não ser as notas de seus cursos.

Concordo contigo na apreciação positiva a respeito da Moral Fundamental de Franz Böckle. Oferece fundamentação com validação filosófica suficiente, com incorporação dos dados da linguística e da crítica cultural, e com um diálogo profundo com os ideais genuínos do iluminismo. Constatei a dificuldade de alguns alunos seguirem durante algum tempo os raciocínios do autor. Além disso, tu bem sabes que ele não faz a passagem da moral fundamental para a moral geral, ou seja, ao estudo das categorias do agir moral (consciência, lei etc).

Também concordo contigo que Fuchs não tem uma moral fundamental. Tem apontamentos e artigos. Os apontamentos, contudo, estão ancorados na moral casuística, embora lancem pontes para a moral renovada, sobretudo os apontamentos em sua última edição. Os artigos são muitos e bastante valiosos.

Houve comentaristas que com os artigos construíram uma moral fundamental, segundo Fuchs. Com esse jesuíta, embora haja entre nós bastante diferença de idade, relacionei-me mais que com Franz Böckle. Na sua maneira de se comportar se distanciava do estereótipo alemão. Era alegre, jovial e até piadista. Também não foi uma relação de amizade, mas de cordial e respeitosa aceitação mútua. Mas o conhecimento se prolongou durante muito tempo. A primeira vez que vi Josef Fuchs foi em uma reunião de moralistas chamados para discutir sobre os atos intrinsecamente maus diante dos membros da Congregação para a Doutrina da Fé, em Roma, no início da década de oitenta.

Eu era muito jovem, em idade e em trabalhos dessa ordem. Ali presenciei um intenso questionamento em cima de Fuchs, mas também presenciei uma valente defesa por parte do acusado. As colocações daquele encontro não puderam sair todas em um livro. Foram divididas em dois, conforme a dupla tendência surgida no encontro: um livro foi editado por Richard A. McCormick, que recolheu as intervenções dos progressistas; o outro foi editado por Servais-Theodore Pinckaers, que recolheu os textos dos conservadores. A minha parte apareceu no segundo grupo; chamou-me a atenção tal decisão, já que eu estive muito mais alinhado com a tendência progressista. Quem sabe se deveu a não ter me destacado na reunião e, então, etiquetaram-me assim pelo simples fato de ser espanhol.

— *E sobre tua relação com McCormick, podes dizer algo?*
— Naquele encontro romano de que estava falando, também conheci o jesuíta norte-americano Richard A. McCormick. Voltei a encontrá-lo em outras ocasiões. Era de trato gentil, agudo em suas observações, de expressão exata e com mentalidade aberta para a mudança. Cultivou, como um dos melhores moralistas, a questão das normas em moral e temas candentes da recém-estreada disciplina da bioética (1971). Foram famosas e muito utilizadas suas *Notes on Moral Theology*, que publicava cada ano (às

vezes, cada semestre) na revista dos jesuítas norte-americanos *Theological Studies*. A mim sempre tratou muito bem nas recensões de algumas publicações minhas, nesses boletins bibliográficos. Costumava adjetivar-me como *the outstanding* moralista espanhol M. Vidal. Devo repetir que, naquela reunião romana, nos começos da década de oitenta, eu era muito jovem e quase nada conhecido como moralista.

– Mas, já tinhas começado a Moral de Atitudes em 1974 ou 1975...

Sim, é verdade. E quatro anos antes havia publicado *Moral del amor y de la sexualidad* (Salamanca, Sígueme, 1970). Isso é verdade, mas também o fato de que eu era pouco conhecido internacionalmente. Com certeza, foram se informar e me chamaram para aquele congresso, e eu participei muito contente. Tenho arquivado todo o material correspondente. Se, algum dia alguém quiser estudá-lo, está aí. Foi então que conheci os grandes moralistas católicos do momento. Passar alguns dias em isolamento favoreceu as relações.

Também conheci um sacerdote jovem que trabalhava na Congregação para a Doutrina da Fé, Karl Golser, uma belíssima pessoa. Era formado em Teologia Moral. Ao sair da referida congregação, dedicou-se à Teologia Moral, fazendo notáveis contribuições, sobretudo no campo da ética ecológica e chegando a presidir a importante Associação de Moralistas Italianos. Morreu prematuramente, como bispo de Bolsano-Bressanone. No encontro ainda conheci outro peso pesado da Teologia Moral que já nomeei de passagem, o Pe. Servais-Théodore Pinckaers, com quem me relacionei em outras ocasiões posteriores.

– Sim, ia te perguntar por ele, mas Pinckaers é dominicano e representa, creio eu, uma corrente um pouco diferente em relação aos autores anteriores.

Sim, é de uma corrente mais conservadora. Parece que a ele se deve, em grande medida, a orientação tomista da parte moral do *Catecismo da Igreja Católica*. Também atribuem a ele, trabalhando ao lado do dominicano e então teólogo da Casa Pontifícia, Georges Marie Martin Cottier, muitas das referências tomistas contidas na encíclica *Veritatis Splendor*.

Sabes que no mundo teológico de fala francesa (também no mundo teológico de fala holandesa) os dominicanos têm sido uma força impressionante, desde meados do século XX até época muito recente. Mas, nessa grande potência pensante, é normal haver matizes diversos. Simplificando muito, as Lyon e Paris dominicanas, de orientação progressista, distanciaram-se bastante da escola dominicana de Toulouse (junto com alguns professores dominicanos da Friburgo suíça) com uma interpretação tomista mais conservadora. Pinckaers se alinhava mais com o segundo grupo. Nos últimos anos, o nome de Pinckaers foi tomado como bandeira por algumas posturas de orientação conservadora, não extremistas, em Teologia Moral.

Percebi isso nos moralistas moderadamente conservadores dos Estados Unidos. Contudo, recebi muita iluminação com a leitura dos primeiros artigos de Pinckaers sobre questões fundamentais da Teologia Moral recolhidos em um livro que, na tradução castelhana, foi intitulado *La renovación de la moral* (Estella, Verbo Divino, 1971). Por outro lado, minha relação com ele, ainda que em poucas ocasiões, foi cordial, sobretudo porque, quase sempre, mediava entre nós um grande amigo dos dois, o também dominicano Dalmazio Mongillo, este já de minha geração.

– Precisamente, gostaria de perguntar sobre a relação com os moralistas de tua geração.

Pois, falo agora dos moralistas estrangeiros, não dos espanhóis, e também prescindindo de minha relação com os moralistas da Academia Afonsiana e, em geral, de minha congregação. Com os moralistas desse segundo grupo a relação tem sido intensa e frutífera.

Nós, moralistas redentoristas, embora sem a constituição formal de uma associação, formamos um grupo (em que entram também professores não redentoristas da Academia Afonsiana). Até agora já celebramos oito congressos, desde o primeiro em Aylmer, Canadá (1989), até o último em Aparecida, Brasil (2014). Eu fui um dos poucos, talvez o único, que participou dos oito. Por outro lado, tenho a satisfação de ter sido um dos principais promotores dessa iniciativa, se não o principal, acompanhada muito ativamente pelo Geral de então, o espanhol Juan Manuel Lasso de la Vega.

Entre os colegas redentoristas há moralistas de nome internacional, como o brasileiro M. Fabri dos Anjos, o italiano S. Majorano, o alemão J. Römelt, o irlandês R. Gallagher, o indiano C. Campos, o sirilanquês V. Tirimanna, os australianos B. Johnstone e T. Kennedy, o norte-americano S. Rehrauer, o colombiano S. Botero etc.

Não posso nomear todos os moralistas estrangeiros de minha geração com quem tenho tratado. Dentre os romanos, assinalo Klaus Demmer, o grande moralista não jesuíta da Universidade Gregoriana, de trato difícil inicialmente, mas muito cordial depois. Foi um dos moralistas mais influentes nas questões básicas da moral cristã, sobretudo, desde a perspectiva da hermenêutica sociocultural.

Cordial, desde o princípio até o final, foi minha relação com o dominicano napolitano Dalmazio Mongillo, professor no *Angelicum*. Com ele, além de discutir temas de moral, rezei muitos rosários. Recordo alguns rosários que rezávamos pelas avenidas de Barcelona por ocasião de um congresso na Cidade Condal. De Nápoles vinha Antônio Autiero, embora tenha concluído sua brilhante carreira professoral na Universidade de Münster (Alemanha), continuamos nos encontrando e em comunicação.

Com o moralista alemão Dietmar Mieth, leigo e casado, tratei nas reuniões da revista *Concilium*, juntos preparamos alguns números monográficos dessa revista dedicados à moral; nas reuniões dessa revista internacional também tive a oportunidade de encontrar a fina e inteligente teóloga moralista norte-americana Lisa Cahill. Não posso esquecer a camaradagem e agudeza moral do florentino Enrico Chiavacci. Poderia continuar nomeando outros muitos moralistas de minha geração com quem tive relações profissionais, mas também sempre cordiais.

Há dois detalhes que quero acrescentar. Apesar de haver estado muitas vezes na América Latina, não tratei pessoalmente com moralistas latino-americanos de minha geração ou da geração anterior: Bernardino Leers, Antônio Moser etc. Conheci e tratei um pouco com o redentorista de origem holandesa Jaime Snoek. Com os que me relacionei, tinham sido alunos meus, como o sério trabalhador e jesuíta maltês nacionalizado chileno T. Mifsud. Algo parecido me aconteceu com os colegas de Portugal. Tratei mais com os que foram meus alunos, como J. Teixeira da Cunha, do que com moralistas de minha geração. Tive grande satisfação em participar nos congressos internacionais de Teologia Moral organizados pelo ativo e cordial jesuíta norte-americano F. J. Keenan e poder saudar a muitos colegas que antes apenas conhecidos por seus escritos: D. Hollenbach, M. Himes, J. Porter, P. Valadier, M.-J. Thiel, M. Farley etc.

– Bom, Keenan talvez já pertença à geração seguinte.

Sim, é mais jovem. Por isso o considero de uma geração posterior. Mas, de qualquer maneira, houve relação entre nós dois e segue havendo comunicação. Eu me senti muito à vontade com os colegas alemães e com os italianos. Não tive grande relação com os franceses, já que havia poucos de minha geração.

Isso não significa que não tenha havido relação com nenhum moralista francês. De fato, conheci e tratei bastante com o salesiano René Simon, que era muito agradável. Quando nos juntávamos sempre buscávamos a mesma mesa e tínhamos a facilidade de falar em francês, que sempre é mais cômodo que outros idiomas, e passávamos otimamente. Era um bom moralista e muito ativo para as relações. Não tratei com outro grande moralista francês, salesiano como R. Simon, refiro-me a Xavier Thévenot.

– Também coincidiste em idade com teólogos e moralistas espanhóis, uns mais próximos, como Javier Gafo, dedicado mais a temas de Bioética, e outros como Román Flecha, também muito conhecido. Qual foi tua relação em geral com os moralistas espanhóis?

Pois, foi boa. Houve relação entre nós, e para mim foi boa, positiva. Mas tenho que fazer um esclarecimento. No panorama espanhol, como em outras nações, sobretudo em moral, as posições foram muito extremadas. E eu, como me posicionei, desde o princípio, em uma moral aberta, não fechada, mas aberta e renovadora, recebi, não a antipatia, mas sim o silêncio de todo o setor conservador.

E eu nunca estive em cima do muro, de um lado e de outro. Sempre fiquei apenas de um lado, mas nunca neguei a palavra a ninguém. Curiosamente, ajudei alguns e revisei seus apontamentos, e depois estes mesmos escreveram coisas muito negativas sobre mim. Quem poderia te contar isso é um prolífico dogmático, reciclado depois como moralista.

Os moralistas da *Opus Dei* nunca me olharam com bons olhos. Esse grupo, e todos os que giravam ao redor da Universidade de Navarra, repito que não mostraram antipatia, mas sim silêncio frente a tudo o que eu fazia. Disseram-me, sem que eu pudesse comprovar, que meu nome está com muitos asteriscos na lista dos autores cujos escritos os membros da *Opus* não podem ler.

– É normal que aconteçam essas coisas e que alguém não agrade a todo mundo, mas também te deste bem com outros moralistas.

Realmente, me dei bem com todo o resto. Começando, em primeiro lugar, por uma etapa imediatamente depois do Concílio Vaticano II, que é conhecida, mas sobre a qual eu escrevi algo: na revista *Sal Terrae* (53, 1965, p. 575-577; 54, 1966, p. 25-37) e em uma homenagem ao padre jesuíta Adolfo Fernández Díaz-Nava (*Miscelánea Comillas* 68, 2010, p. 69-75). Precisamente, foi esse jesuíta recém-nomeado quem me convocou e inseriu em um grupo de moralistas espanhóis logo que foi concluído o Concílio Vaticano II.

Como participantes éramos responsáveis, mas nos sentíamos protegidos sob a sombra protetora da Universidade de Comillas. E então formamos uma equipe muito boa, imediatamente depois do Concílio, a favor da renovação teológico-moral. Não é algo muito conhecido, mas participaram, entre outros: Fernández Díaz-Nava, Gonzalo Higuera, José María Díaz Moreno (não preciso te lembrar que esses três jesuítas eram os três fortes de Comillas em Teologia Moral, embora ainda não houvesse chegado Javier Gafo). Logo, éramos alguns moralistas recém-estreados: um dos Sagrados Corações, outro dos salesianos (não digo seus nomes porque depois deixaram o sacerdócio), eu mesmo e outros.

Sublinho um outro dado. Como muitos dos professores de moral dos seminários da Espanha haviam estudado na Academia Afonsiana, tinham um carinho especial com os redentoristas. Isso favoreceu a nossa relação com eles e deles conosco. Nesse grupo entram, eminentemente, os professores da Universidade Pontifícia de Salamanca, José Román Flecha e Ángel Galindo, com quem nós, moralistas redentoristas espanhóis, trabalhamos muito harmoniosamente.

Frente a isso, trago um dado curioso: há um arcebispo de uma diocese castelhana que fez a tese doutoral na Academia Afonsiana e suplicou a Bernhard Häring, seu orientador de tese, fizesse-lhe um prólogo. Mas agora não menciona em seu currículo a passagem pela Academia Afonsiana, colocando somente "doutor pela Universidade Lateranense", o que estaria correto se acrescentasse "passando os trâmites acadêmicos na Academia Afonsiana".

Na época central do pontificado de João Paulo II ninguém que aspirasse a ser bispo colocaria em seu currículo acadêmico que havia estudado na Academia Afonsiana, se o fizesse seria um ponto negativo. Frente a esses dados, muitos professores de moral na Espanha foram alunos de nosso Instituto Superior de Ciências Morais e se sentem orgulhosos disso. Minha relação com eles não poderia ser mais positiva. Como positiva teria que ser, sendo professor de Comillas, com os moralistas das Faculdades de Teologia da Companhia de Jesus na Espanha (Deusto, Granada). Os ventos sopraram a meu favor para manter uma comunicação fluida e positiva, ao menos para mim, com quase todos os moralistas espanhóis.

Perguntavas antes por minha relação com Javier Gafo. Com ele minha relação foi excelente devido mais à excelência de sua personalidade que minha participação em seus projetos. Por valorizar, talvez excessivamente, o tempo e também por temperamento, recusei entrar muito em questões burocráticas e em questões de seminários internos etc., em que Gafo era excelente, sem minimizar sua importância intelectual, para os sistemas de relações era uma maravilha. Eu não sirvo e, além disso, não quero, porque quero dedicar tempo a outras coisas. Apesar dessa diferença de temperamento e de opções, considero que a relação com Javier Gafo foi boa, assim como com todos os que participaram nos seminários de bioética em Comillas.

– Falaste, antes, do grupo de moralistas vinculados a Comillas depois do Concílio, impulsionadores da renovação. Esse é o gérmen ou a base da Associação Espanhola de Moralistas?

Sim, é esse. Aí se formou a Associação de Teólogos Moralistas Espanhóis, a ATME. A alma de tudo foi o padre jesuíta Fernández Díaz-Nava, que só escreveu a tese doutoral, mas era a favor da renovação. Ele se dedicou mais a questões burocráticas da Companhia de Jesus, em que se destacou brilhantemente. Junto com os padres Gonzalo Higuera e José María Díaz Moreno foi plenamente a favor da renovação da Teologia Moral. E aí surgiu uma equipe muito boa. Volto a repetir que, desse grupo, praticamente só restou eu de não jesuíta. Os outros, ou deixaram o sacerdócio, ou a moral (ou ambos).

– Mas a Associação durou quase nada, muito pouco...
Durou até que foi constituído o Instituto Superior de Ciencias Morales (1971). Na época se disse: por que ter outra instituição? Mas teria sido bonito ter uma associação e eu sempre fui a favor dela. Sabes bem que a Espanha, refiro-me à Espanha teológica, não é muito de associações.

– Não, mas, em nível europeu elas existem, e inclusive em nível mundial, como a Catholic Theological Ethics in the World Church.
Sim, e eu sou a favor, mas também sou dos preguiçosos. Não sou muito de reuniões e essas coisas. E tampouco sou de muito trato, uma condição importante para que funcione o ideal associacionista.

– Em tua trajetória acadêmica há várias instituições que tiveram um papel relevante. Vamos falar, ainda que seja muito pouco, sobre cada uma delas. A primeira é a Pontifícia de Salamanca, porque ali estudaste também algum tempo e depois foste professor.

Como mencionei, fiz aqueles cursos para tirar o bacharelado, com um exame prévio, e a licenciatura com um exame final. Tudo isso eu realizei com objetivo de fazer o doutorado em Teologia Moral na Academia Afonsiana. Logo depois de ter estudado na Afonsiana, fui chamado para dar aulas de Teologia Moral na Pontifícia de Salamanca. O convite se deu de forma muito simples e muito grata para mim. Vieram me buscar.

Quando vêm te buscar é bom. Vieram me buscar na rua Manuel Silvela, 14, em um locutório onde podíamos ficar dialogando como estamos agora, se não houvesse sido remodelado esse lugar. Aqui veio o padre Ursicino Domínguez, que era um padre agostiniano (depois deixou a ordem e o sacerdócio). Era uma pessoa muito boa, além de um especialista em patrologia, e era o decano de teologia naquele tempo. Estavam desejosos de renovar a Faculdade de Teologia e andavam buscando professores. Já tinham alguns para dogmática: Fernando Sebastián, Olegario González de Cardedal, José María García Gómez--Heras; também tinham professor para Direito Canônico: Antonio María Rouco.

Mas lhes faltava professor de moral, e de moral renovada. Disseram ao decano, ou ele se informou, que havia um redentorista que acabara de terminar a tese doutoral em Roma e que podia ser o professor. O próprio decano veio me visitar! O decano me perguntou se eu podia dar aulas de moral na Pontifícia. Obviamente lhe disse que sim, que me dissesse quando e como. Não falamos nada de dinheiro, nem de nada, apenas unicamente que estava disponível. Falei com meus superiores e me disseram que, muito bem, tínhamos casa em Salamanca e poderia morar nela. Eu não quis me fixar em Salamanca, mas em Madri, e ir e voltar a Salamanca todas as semanas.

Naquele momento, contudo, tinha algumas aulas em nosso teologado de Valladolid e fiz, durante vários anos, todas as semanas, o trajeto Salamanca-Valladolid-Madri. Era muito pesado, mas naquele tempo, na verdade, nada era pesado para a idade que tinha e para a forma de entender o mundo em que estávamos situados, ou seja, que era preciso trabalhar e que tinhas que te empenhar no que fazias.

Foi muito gratificante para mim terem vindo me buscar para renovar a Teologia Moral na Pontifícia de Salamanca, e também foi grato sentar-me na cátedra de Teologia Moral dessa universidade, que sempre tive como a primeira das universidades espanholas. Sempre. E sempre a terei. Não é a histórica, mas pode-se dizer que em teologia seja a continuadora daquela, apesar das mudanças que aconteceram.

Sentia-me muito satisfeito. Tive alunos maravilhosos. Foram os anos de afluência de seminaristas, muitos e muito bons, entre os quais se encontrava o atual arcebispo de Madri, Carlos Osoro, que me expressou recentemente seu carinho recordando aqueles velhos tempos. Houve outros bons alunos, tanto do clero secular, quanto das congregações religiosas: redentoristas, salesianos, franciscanos, vicentinos etc.

Na universidade, e concretamente na Faculdade de Teologia, dei-me muito bem. Dava aulas sobre dois temas. O primeiro foi a moral sexual, que atraía muito e, em cujo tratamento moral, fiz uma renovação profunda que, posso assegurar, serviu de referência para outros professores da mesma matéria. Como fruto dessa docência, publiquei o livro *Moral del amor y la sexualidad* (editora Sígueme), do qual foram feitas duas edições: a primeira em 1970 e a segunda em 1971 = [*Moral do amor e da sexualidade*. Paulinas: São Paulo, 1978]. Custou-me fazer essa obra, mas ficou boa, inclusive desde o ponto de vista literário. Depois, também lecionei a moral fundamental, e me dei bem. Tenho a satisfação de ter sido muito bem acolhido pelos estudantes e nada mal pelos professores.

– Então, se tudo ia bem, por que a deixaste?
Bom, as coisas não terminaram mal, mas simplesmente terminaram. Veio de Roma uma inspeção para ver o que se fazia na Faculdade, que cátedras abririam concurso, como se organizavam. Veio Antonio Javierre, que depois ficou cardeal e antes trabalhara na cúria romana. Era salesiano, e entre as coisas determinadas estava abrir concurso para algumas cátedras e para outras não.

E não houve concurso para a moral, não sei por quê. Sempre me disseram que não foi contra mim, mas que não era o momento de fazê-lo. Diante disso, decidi não permanecer. Isso gerou algumas birras (porque, como sabes, é homem de simpáticas birras) a Fernando Sebastián. Tenho várias cartas dele, e ele deve ter as minhas: birras dele e birras minhas, cada arquivo deve ter as do outro (e cópia das suas). E lhe disse que não, que eu não iria ficar em Salamanca sem ser catedrático. Por outro lado, eu não gosto de viver em cidades pequenas, porque dás uma conferência pela noite e já na manhã seguinte todos estão sabendo o que disseste. Exagero, claro. Eu gostava mais de Madri, e então deixei Salamanca. Mas guardo profundo carinho pela Universidade Pontifícia e também pelos alunos.

Apenas a deixei por essas circunstâncias, que agora considero benéficas para minha trajetória, mas não considerava assim na época. Pergunto o que teria sido de mim se tivesse ficado catedrático em Salamanca. Porque, se abrissem concurso para a cátedra, eu ficaria catedrático. O que teria sido de mim? Não sei. Mas, talvez, não tivesse me realizado, como, de fato me realizei.

– Mas, voltaste a ter contato com a Pontifícia de Salamanca, não diretamente, mas sim por meio do Instituto Superior de Pastoral de Madri. Porque também aí estiveste.

Sim, estive no Instituto de Pastoral. Mas então a Universidade de Salamanca tinha pouca relação, exceto a burocrática, com o Instituto de Pastoral. De fato, te chamavam os daqui; eu respondi que sim, com muito gosto. Foi um dos centros em que lecionei Teologia Moral com mais carinho e com grande acolhida, intelectual e pessoal; não por acaso: era gente madura, que vinha da pastoral e pensava em voltar à pastoral – sacerdotes, religiosos, religiosas (com trabalho pastoral sob seus cuidados na Espanha, África, Ásia, América Latina).

Aí eu lecionava temas soltos de moral e pastoral. Porque sabes que eram cursos de renovação. Eu escolhia temas de interesse, mas com um caráter pastoral. Também me dei muito bem. Depois, o meu companheiro redentorista Miguel Rubio continuou as aulas de moral. É que eu tive que ir para outro lugar. Porque dei aulas em muitos lugares...

– *Sim. Não vamos falar de todos, porque são muitos. Destes cursos praticamente no mundo inteiro. Mas outro lugar onde estiveste foi San Dámaso, em Madri. O que ensinavas ali? Como chegaste a San Dámaso?*

Eu não dei aulas na Faculdade de Teologia de San Dámaso, dei aulas quando era Seminário de Madri. Fui convidado pelo reitor, José Luis Lazcano, uma pessoa de caráter nobre, ponderada, amante da Igreja, carinhosa. Aceitei de bom grado, não só por se tratar do Seminário de Madri, mas também porque devia isso a José Luis, como o chamávamos, ele que antes me tinha convidado para dar aulas no centro da Cuesta de Santo Domingo (aulas noturnas de Teologia, de grande prestígio). Posso te dizer que interesse econômico não havia. Sim, tinhas a felicidade, como dizia Santo Alberto, de buscar a verdade no prazer da amizade de bons companheiros (*quaerere veritatem in dulcedine caritatis*): Juan Martín Velasco, Juan María Laboa e outros.

Ali dei aulas de moral fundamental e de moral da pessoa. No começo foi bem. Nos meus dois últimos anos de docência começaram a aparecer seminaristas provenientes dos chamados movimentos eclesiais (*Opus Dei*, Comunhão e Libertação etc). As coisas começaram a ir mal para quase todos os professores da primeira fornada. Era como se alguns alunos estivessem previamente amestrados para fazer perguntas capciosas na aula, perguntas farisaicas.

– *Saístes todos juntos. Saístes ou fostes demitidos?*

– Não, não fomos demitidos. Todos nós saímos, ou quase todos. Antonio Cañizares assumiu como secretário do centro, alguém que, talvez tenhas ouvido, sabe jogar conforme as cartas que aparecem. Eu lhes disse: não posso continuar, porque tenho muito trabalho. Recomendo como professor de moral a fulano de tal. O secretário me respondeu (a carta está aí, no meu arquivo): "Não. Somos nós que decidimos quem continua". Muito bem. Eu fui embora, e assim deixei de dar aulas no Seminário de Madri.

– *O outro lugar importante, outra instituição a que estiveste muito vinculado, foi a Academia Afonsiana de Roma. Ali estudaste e também deste cursos, não sei se de maneira estável.*

A Academia Afonsiana precisava de professores. Quando eu já tinha algum nome, escreveu-me o presidente, então era Domenico Capone, e pediu que desse aulas na Academia. Se aceitasse, teria que ir a Roma por tempo integral. Eu já estava muito vinculado a outros centros acadêmicos aqui. Tinha clareza desde o princípio: preferi ter os pés firmes na Espanha a ser um desses teólogos espanhóis que se dizem romanos. O que podia oferecer à Academia Afonsiana era trabalho em tempo parcial.

Inicialmente não aceitaram. Muitos anos mais tarde, com outro presidente, aceitaram essa opção porque precisavam de professores. Essa solução tinha algumas vantagens, tanto para o professor, quanto para os alunos, que faziam o curso praticamente em um mês e já ficavam livres. Mas não era uma boa solução para o centro, já que assim o professor não dirigia *tesinas*, nem se comprometia com a vida normal acadêmica. Essa deve ter sido a razão da Academia Afonsiana suprimir os cursos intensivos. Também o meu.

Os cursos intensivos que dei na Academia Afonsiana foram muito concorridos, como se pode verificar pelas atas da secretaria. Escolhi temas de grande interesse: *A ética da libertação*, *Moral e espiritualidade*. Também dei um tema que, na época, era conflitivo e há muitos anos não era oferecido: Ética cristã da sexualidade humana.

— Todos sabem que, em certos momentos, houve tensões entre a Gregoriana — e suponho que a própria Afonsiana — com o Instituto João Paulo II, de Roma, e outros centros romanos, em questões de tipo moral. Viste essas tensões?

Pude constatar algumas tensões. Em um ponto anterior dessa nossa conversa aludi aos conflitos suscitados por ocasião e por motivo de um congresso sobre bioética, organizado pela Academia Afonsiana. Pessoalmente, não sofri nenhum tipo de conflito. Entre a Afonsiana e a Gregoriana não podia existir tensão, porque eram praticamente da mesma tendência. Tão pouco existiam tensões entre a Afonsiana e o *Angelicum*, embora pudessem haver matizes diferentes na orientação moral.

Mas, de fato, havia intercâmbio de professores entre a Afonsiana e os dois centros citados. As tensões puderam existir entre a Academia Afonsiana e o Instituto João Paulo II. A esta e outras instâncias romanas interessava que a Afonsiana perdesse força e energia (concretamente, alunos e prestígio). Esse motivo também deu lugar a que surgissem, em outros centros romanos, ciúmes acadêmicos diante da Afonsiana. Tu não imaginas as brigas que existem em Roma por essas prevalências, em todos os terrenos, também no acadêmico.

– *Como está agora a Teologia Moral em Roma?*
Não sei. Não posso te dizer. Sei que a Teologia Moral na Academia Afonsiana depende, em grande medida, dos alunos, e os alunos vêm agora, em geral, menos preparados que os alunos de antes.

– *Refiro-me às obras que estão produzindo os professores de moral da Afonsiana ou da Gregoriana.*
Tenho a impressão de que são poucas em número e que, em termos gerais, não marcam orientação para os

problemas e propostas científicas no campo da Teologia Moral. Agora, bem, fora algumas honrosas exceções (sobretudo nos Estados Unidos e na Ásia), essa falta de vigor é uma tônica geral do panorama acadêmico atual.

— A próxima instituição em que estiveste foi quase um filho teu, o Instituto Superior de Ciencias Morales, de Madri, e não sei se, ao mesmo tempo, também a revista Moralia. O que o Instituto foi para ti?

Pois sim, o Instituto é algo assim como um filho, não que tenha sido o único pai, mas a ideia primeira, sim, eu a tive em Roma. Era quando havia possibilidade de fazer uma licenciatura especializada, com a chegada de uma nova normativa acadêmica plasmada nas *Normae quaedam* (1968). A ideia era: por que nós redentoristas não organizamos uma licenciatura especializada em Teologia Moral na Espanha? Não dar o bacharelado, mas sim a licenciatura com doutorado.

A ideia foi amadurecendo. Em um importante capítulo provincial celebrado em *El Escorial*, em 1971, que já mencionei, tratou-se da questão. Minha parte era apresentar e defender a proposta. Nós tínhamos locais recentemente inaugurados em Madri, junto à praça de Castilla, rua Félix Boix, 13. Tínhamos uma boa biblioteca, especializada em temas morais. Publicávamos, já há alguns anos, uma revista teológica de alta divulgação: *Pentecostés*, que depois se tornou a *Moralia*. Havia professores, porque havia sido fechado o teologado de Valladolid. Que mais poderíamos pedir?

A proposta de fundar um centro especializado em Teologia Moral, um dos âmbitos próprios de nosso carisma redentorista, foi aprovada. Chamaria-se *Instituto Superior de Ciencias Morales* (ISCM). O ISCM começou a funcionar no começo do curso 1971-1972. Tivemos uma resposta suficiente de alunos, entre os quais se encontravam nossos teólogos.

Um primeiro passo a ser dado era encontrar a universidade que nos acolhesse, missão dada a um bom gestor, além de ser um bom biblista, Francisco Lage. Iniciaram as conversações com a Universidade Pontifícia de Salamanca. A lentidão dos trâmites de uma instituição bastante burocratizada, por depender da Conferência Episcopal Espanhola, aconselhou-nos a dirigir a petição e oferta à Universidade Pontifícia Comillas, dos jesuítas.

Aqui fomos muito bem acolhidos. É justo recordar a acolhida que tivemos dos dois reitores de Comillas que intervieram no começo: o Pe. Mariano Madurga e o Pe. Urbano Valero. O ISCM foi vinculado à Universidade, integrado na Faculdade de Teologia. Nessa grande casa acadêmica dos jesuítas nos sentimos sempre muito à vontade. Dividi minha atividade acadêmica entre o ISCM e Comillas. Para mim, embora diferentes burocrática e academicamente, as duas entidades foram uma mesma coisa. Eu me integrei plenamente nas duas.

No ISCM fui professor em tempo integral e diretor em vários institutos. Dirigi muitas *tesinas* e várias teses de doutorado. Um exemplar de cada uma das teses e das *tesinas* orientadas por mim estão guardadas em uma ampla estante da biblioteca do ISCM. Não há centro acadêmico que se preze que não possua uma boa biblioteca. Já te falei que a biblioteca do ISCM está muito bem guarnecida em temática moral. A seção das revistas talvez seja a melhor de Madri em questões de moral.

Esse amplo e variado número de revistas de temática moral, recebidas no ISCM, possibilita a confecção de um anual Índice bibliográfico de moral muito apreciado, confeccionado por Javier Elizari. Tal Índice bibliográfico, com estrutura temática, aparece na revista do centro: *Moralia*, dirigida atualmente por Alberto de Mingo com a atuação administrativa de Fernando González. É uma das joias que possuem os redentoristas espanhóis. Na Academia Alfonsiana é editada a revista *Studia Moralia* em vários idiomas. Na França há a *Revue d'Éthique et de Théologie Morale*. Na Itália, acaba de ser supressa a *Rivista di teologia Morale*. Para o âmbito de fala espanhola, sobra nossa *Moralia*.

Além da importância dos conteúdos, devem ser destacados alguns detalhes significativos: a revista se mantém com as assinaturas (numericamente significativas), até conseguindo um pequeno superávit; além disso, gratifica as colaborações. Não é preciso dizer que eu trabalhei muito pela revista *Moralia*, que quero com toda a minha alma e, sobretudo, que auguro a proteção dos deuses para que não caia no infeliz axioma do *Gone with the Wind*, E o vento levou... De nosso passado recebemos um rico patrimônio cultural. Buscamos melhorá-lo. E estamos comprometidos a legá-lo para as novas gerações.

O ISCM, enquanto centro acadêmico regular, durou quarenta anos. Cremos ter feito uma contribuição valiosa para a Igreja, sobretudo na Espanha e América Latina, e para a sociedade espanhola. As instituições não são eternas: nascem e morrem. No ISCM morre algum aspecto, mas permanecem outros muito valiosos. Apesar disso, eu continuo muito vinculado à biblioteca e à revista, e a tudo o que supõe a nova conformação do *Instituto Superior de Ciencias Morales.*

– Continua alguma programação regular?

São dados cursos, ou melhor, ciclos de palestras, conferências, apresentações de livros etc. Neste outono de 2015, iniciamos uma nova conformação sob a direção do professor Miguel Rubio. O primeiro ato consistiu em um ciclo de quatro conferências, mais a projeção de um filme sobre a Encíclica *Laudato Si.* Estudamos o valioso e original texto do papa Francisco a partir dos paradigmas científico, teológico, ético e do paradigma sócio-eclesial. A resposta que tivemos a esse convite foi muito positiva.

Isso nos anima a continuar, não como instituição acadêmica vinculada a uma universidade, mas como entidade cultural e eclesial vinculada à Congregação Redentorista na Espanha. Contamos com um grupo de professores experientes: em Sagrada Escritura (Francisco Lage, Alberto de Mingo), em Ética Teológica (Miguel Rubio), em Bioética (Javier Elizari), em Psicologia (José Moya) e eu mesmo. Esperamos uma breve incorporação de seiva jovem nesse velho tronco.

– Embora já tenhamos dito antes que estiveste em muitos lugares, a última instituição, que eu diria que é a mais importante, porque nela tiveste tua maior dedicação como professor, é a Faculdade de Teologia de Comillas. Como chegaste a Comillas? O que é Comillas para ti?

Assino embaixo da primeira afirmação: para mim Comillas é o centro acadêmico da minha vida. Comecei no ano de 1971 e permaneci aqui até minha jubilação. Diante da decisão de ficar na Espanha e não ir para a Academia Alfonsiana a tempo integral, o centro que me acolheu foi Comillas. Teria ficado em Salamanca se as coisas tivessem acontecido de outra maneira. Já falamos sobre isso.

Como cheguei a Comillas? Por uma sinergia entre me procurarem e eu saber que me procuravam. Passei, por meio do Pe. Gonzalo Higuera, um aviso ao Pe. Alejandro Sierra, que então dirigia a Faculdade de Teologia: tinham necessidade de professores, os alunos eram, francamente, muito críticos e aquela época era tremenda; eram alunos desejosos de mudança, de renovação e os que dirigiam a vida acadêmica já não sabiam o que dar aos alunos. E, em moral, era claro que precisavam de gente, professores bem preparados e de mentalidade aberta. Os que viveram aqueles momentos, seja da parte dos professores, seja da parte dos alunos, sabem a que me refiro. Assim que passei esse aviso, dizendo ao Pe. Sierra que já não estava em Salamanca e que se me oferecesse algo... Ele veio e me pediu que me incorporasse à Faculdade de Teologia. Devo tanto ao Pe. Sierra, quanto ao Pe. Higuera.

No começo, dei um curso de prova, para ver, e assim foi como entrei definitivamente em Comillas, onde me senti contente, muito contente e muito realizado por várias razões. Em primeiro lugar, porque é um centro acadêmico sério, eu creio que o mais sério que temos na Espanha, refiro-me a acadêmico religioso. Tão sério, posso pensar, ainda que não tenha tanta amplidão, como a Gregoriana, e muito mais sério que qualquer dos centros que eu pude conhecer em Roma. De forma que Comillas era o centro acadêmico mais sério que eu poderia esperar. Com grandes possibilidades de biblioteca, de publicações, de colegas e de alunos.

A biblioteca eu utilizei muito; os alunos sempre foram muito valiosos e me dei muito bem com eles, também com os companheiros professores, embora tenha participado pouco nos projetos de grupo que, naquela época, não eram tão abundantes como acredito que sejam agora. Além disso, sempre me senti muito à vontade com as autoridades. Porque tu sabes, tanto quanto, ou melhor que eu, que se as autoridades jesuítas te aceitam, nunca te perguntarão o que ensinas; mas sim, farão pesquisas para ver se os alunos estão contentes contigo. Como eu, graças a Deus, estava sempre acima da média nas avaliações anuais, e sabia quem estava abaixo, porque nos passavam os resultados, nunca tive nenhum problema com as autoridades, mas sim, aceitação plena. Mas, volto a repetir, participei pouco em projetos de grupo.

– Isso depende da sensibilidade de cada um, a forma de trabalhar, que em teu caso é mais individual.

Sim. Costumo trabalhar melhor individualmente, espero que não seja de forma individualista. Em Comillas me senti muito bem em todos os aspectos. Quero sublinhar o lado dos alunos. Além de me sentir aceito por eles, eu ia dar aulas – acredite – com muito gosto, para ver gente jovem, para me sentir entusiasmado. Voltava para casa renovado. Mas, chegou um momento em que me dei conta, pessoalmente, de que já havia dado tudo o que podia dar. Esperei completar vinte e cinco anos para equilibrar um pouco a minha jubilação, mesmo que não fosse inteira. De modo que, quando cumpri os anos necessários, decidi deixá-lo e me aposentar. Encontrei autoridades muito receptivas que acharam bom. E assim ficaram as coisas.

Depois, como me aconteceu em outros centros, desliguei-me. Não porque não tenha carinho por eles, nem relação com professores, mas por decisão racional: se o deixei, deixei. Tu sabes bem que, em questão de companheiros de moral, continuamos bem. Sabes que é assim. Convidam-me, me dão muita alegria e vou feliz. Isso é Comillas para mim.

– Embora tenhas sido pouco afeito a cargos, tiveste alguns, e em Comillas dirigiste uma instituição que, hoje, é muito importante na universidade, o Instituto da Família.

Sim. Deixamos andando o Instituto de Matrimônio e Família. Digo "deixamos funcionando" porque fomos vários. Foi uma decisão adotada pelo reitor, Guillermo Días Izquierdo, em um momento em que a família tinha muita importância, embora saibamos que sempre tem.

Como fizemos? Formamos uma comissão composta por representantes de várias faculdades: teologia, filosofia, direito civil, direito canônico. Trabalhamos durante algum tempo para conformar um projeto. No fim, nomearam-me diretor do centro. Ou seja, a programação não é coisa minha, tudo foi feito em equipe, por diversas faculdades. O Instituto teve aceitação, tanto interna, dentro da universidade, como fora dela.

Naqueles primeiros anos, incidia especialmente nas dimensões antropológicas, jurídicas, éticas e de trabalho social. Ao constatar que essas perspectivas deviam ser completadas por outras, pensou-se em mudança de direção. Buscou-se uma leiga, que agora está na política, Salomé Adroher.

— Sim, mas agora é dirigido por Fernando Vidal, e além disso, está fazendo muito bem, com uma boa equipe e com muito trabalho.

Sim, isso mesmo. Conheço um pouco as grandes qualidades de análise, de proposta e de comunicação que Fernando Vidal possui. Tive a sorte de encontrar com ele em algumas jornadas de estudo. Lembro que, no encontro em Barcelona, em que participamos nós dois como conferencistas, disse-me que, às vezes, o confundiam comigo, em razão do sobrenome. Eu respondi que quem dizia isso me fazia um grande elogio comparando-me com ele.

Voltando ao Instituto da Família, reconheço que os primeiros passos e a primeira etapa foram momentos bonitos. Mas a questão familiar é uma problemática mutante. Por isso, é necessário adaptar as instituições acadêmicas dedicadas a ela. Eu consigo trabalhar melhor com a esfera do público eclesiástico, mas não com a do público civil. Seguramente, no momento atual, o Instituto aborda os temas familiares com uma orientação nova, de acordo com o momento sociocultural atual.

– Além de instituições, estiveste também em revistas importantes; já mencionamos Moralia. *Há uma mais conhecida que é* Concilium, *porque aí sempre se está rodeado por grandes teólogos e tem repercussão. O que trouxe para ti pertencer a* Concilium?

Eu entrei na *Concilium* pelas mãos de Casiano Floristán, por proposta do editor espanhol da revista naquela época (Ediciones Cristiandad). Participar na direção dessa revista me deu a oportunidade de entrar em contato com grandes teólogos, sobretudo europeus. Já te disse que nesse âmbito conheci moralistas como Dietmar Mieth e Lisa S. Cahill. Também disse que editamos alguns números dedicados à moral. Mais que conteúdos, essas reuniões proporcionavam grandes sensibilidades, encontros interpessoais e horizontes de significação, que não terias em teu âmbito acadêmico ordinário.

Por exemplo, tinhas a oportunidade de orar ecumenicamente com Jürgen Moltmann, de conviver alguns dias com Leonardo Boff e ser impactado por sua vitalidade, de escutar deliciosas expressões nas intervenções em francês de Jean-Pierre Jossua, de impressionar-te pelas grandes visões teológicas e históricas de Hans Küng, de precisar prestar atenção para entender as precisões teológicas de Christian Duquoc, *und so weiter* para dizer *etc.* no idioma que mais se utilizava então nas reuniões de *Concilium*. Suspeito que agora o idioma mais usado seja o inglês.

O trabalho específico das reuniões era escolher o tema dos números da revista para o ano seguinte e dar orientações, tanto para os diversos aspectos do tema, como para a proposta de autores para os artigos. Eu estive pouco tempo nesse compromisso, creio que o mínimo exigido. Em todo caso, mantêm meu nome no comitê científico da revista, posição que não me rouba nenhum tempo e me proporciona um exemplar de cada número editado.

– *Também interviste na constituição da Associação de Teólogos Europeus.*

Eu fui um mero companheiro dentro do trio espanhol (Casiano Floristán, José Joaquín Alemany e eu mesmo) que assistiu, como representação da Espanha, ao ato de fundação. Ali funcionou a mão esquerda de Casiano Floristán e a habilidade de relações públicas que José Joaquín Alemany tinha muito. Mais tarde, foi constituída, na Espanha, a respectiva seção espanhola, para cuja direção nos escolheram, José Joaquín Alemany, Manuel Gesteira e eu. Organizamos algumas reuniões. Mas minha impressão geral sobre o funcionamento é um pouco negativa. Não sei qual é a situação agora.

– Bom, agora a estão reativando sob a presidência de Martin Lintner, que é professor da Universidade de Brixen. Além disso, a associação, em que também participam teólogos espanhóis, está integrada na International Network of Societies for Catholic Theology.

Fico contente. Eu considerava o primeiro presidente geral da associação, Peter Hünermann, como o protótipo do teólogo europeu: era alemão e romano em um só indivíduo. Era apreciado por teólogos alemães (pelos europeus em geral) e tinha uma muito boa relação com Roma.

– Já falamos que tua obra é imensa em livros, artigos... Mas, poderias sintetizar, de alguma maneira, as linhas mestras de todo o teu trabalho teológico em moral?

O que disseste no começo é certo. Tive que tratar quase todos os temas de moral. Entre outras coisas, porque me propus, inicialmente, a um projeto arriscado, audaz, que foi fazer um manual de Teologia Moral, concretizado, por fim, nos quatro tomos da *Moral de Actitudes* (Madri, Perpetuo Socorro, 8ª ed. 1995). E porque fiz um manual de Teologia Moral, tive que tratar todos os temas, uns mais profundamente que outros.

Se tivesse que fazer um esquema de Teologia Moral, umas linhas fortes, sem dúvida, primeiro de tudo deve ser a questão do paradigma teológico-moral em sentido forte. E nisso sigo aderindo ao paradigma que tu trataste bem em teu livro (*Autonomia moral*. Madri, San Pablo, 2013) e que recebe o nome de autonomia aberta à transcendência, a racionalidade aberta à transcendência, aberta à fé, o valor do humano desde uma cosmovisão religiosa. Sem dúvida, essas são as primeiras notas que, depois, como em uma sinfonia, vão se desenvolvendo.

Esse é o paradigma de base e abarcador da totalidade. E eu não o largo. Porque acredito que é válido e que está de acordo com a mais genuína tradição tomasiana e, inclusive, com a orientação do Vaticano II em termos gerais. Depois, a forma de tratá-lo já depende das sensibilidades, mas, como orientação, creio que é tradicional e também de acordo com a teologia de hoje, não dicotômica, mas integradora do humano e do cristão, da fé e da razão.

Uma vez que tenha o paradigma, creio que há um primeiro momento que se costuma descuidar, e que eu mesmo descuidei no começo, que é o de precisar fazer uma proposta de Teologia Moral autenticamente fundamental, como se faz em teologia fundamental. Por isso, dediquei-me, e há um livro com uma segunda edição renovada, que saiu no ano passado, de uma moral fundada na teologalidade, que é trindade-crística, teologalidade-crística-eclesial, e depois, aberta a um horizonte escatológico. Eu acredito que seja preciso fazer a fundamentação da Teologia Moral, apesar de alguns dizerem que não faz falta, porque já se faz em teologia fundamental. Mas não é ruim que volte a ser repetida. Isso é o que tentei fazer na *Nueva moral fundamental* (Madrid, Perpetuo Socorro, 2ª ed., 2014) = [*Nova Moral Fundamental: o lar teológico da ética*. Aparecida: Santuário/Paulinas, 2016. 914p.].

Nesse momento da fundamentação é preciso construir linhas fortes (e eu busquei fazê-lo). Em primeiro lugar, uma epistemologia teológico-moral própria. Não basta a epistemologia enquanto tal, mas sim, a epistemologia teológico-moral, que tem algo de peculiar. Digo de peculiar porque a base é a epistemologia teológica, a Sagrada Escritura, Tradição, reflexão, magistério da Igreja, mas com algo especial, que é trabalhar sobre algo que requer uma epistemologia com peculiaridade, não quero dizer específica, mas sim, com peculiaridade.

Em outro momento, é preciso abrir a reflexão para o sujeito que vai atuar: é a moral geral. Até agora se chamava moral fundamental, mas não é fundamental, mas sim, geral. Ou seja, um sujeito que precisa ser analisado para se tornar o verdadeiro fundamento da vida moral. O que é a vida moral? É nesse ponto que a psicologia, sociologia e outros saberes antropológicos precisam ser muito utilizados. A essa parte das categorias gerais do agir moral correspondem os temas da responsabilidade (o clássico tratado dos "atos humanos"), do valor e da lei, da consciência, do pecado e da virtude. Tenho um projeto de refundir materiais prévios e acrescentar novos elementos para escrever e publicar uma *Nova Moral Geral* – os fundamentos antropológicos do agir moral. Depois, chegam os conteúdos concretos, nesse ponto podes abrir o guarda-chuva, do jeito e tamanho que quiseres.

Então dirás: tudo cabe em Teologia Moral. É verdade aquela afirmação de Francisco de Vitória: "a teologia tem um conteúdo tão amplo que nenhuma das questões humanas lhe é estranha". Tudo. Algumas coisas prevalecem? Sim, na Teologia Moral tradicional prevaleceu a moral sexual e matrimonial, mas não deixou de existir moral social. Faz pouco tempo, alguém me perguntou o que pensava do fato da moral ter sido quase toda ela moral sexual. E eu disse: "Olha, tens razão, em aparência e em sensibilidade, mas não na realidade. Eu manuseei muitos livros de moral, vou te citar o de Santo Afonso, e nele Santo Afonso dedica quarenta páginas para a Moral sexual e duzentas e quarenta para moral social. Portanto, isso que dizes deve ser por outra razão, mas não pelo plano de páginas de um texto de Teologia Moral".

A organização dos conteúdos concretos de moral pode ser realizada de vários modos. Eu optei pela divisão em duas partes: 1) moral da pessoa; 2) moral social. Era, e sou, consciente de que todas as questões "pessoais" têm implicações sociais e que todas as questões "sociais" brotam e se referem à pessoa. Nessas duas partes inseri os tratados de moral concreta: bioética, ética sexual, ética matrimonial e familiar, ética econômica, ética política etc.

Tenho como um dos motivos de minha autoestima teológica ter sido o primeiro a dar importância para a divisão bipartida da moral concreta em moral da pessoa e moral da sociedade. Foram muitos os manuais de Teologia Moral que seguiram essa linha aberta por mim, mais no segundo aspecto (a divisão bipartida da moral concreta) que no primeiro (introdução do tratado de moral fundamental).

– Fizeste referência ao paradigma que, de alguma forma, define tua obra e serve-lhe de fundamentação, o paradigma da autonomia. E, sem dúvida, tu mesmo falas de autonomia teônoma em chave de libertação. De fato, sempre enfatizas a abertura para o político, social etc. Qual foi a influência que a teologia da libertação teve em tua obra?

Muita. Por isso agora vou matizar esse paradigma da moral autônoma. Há uma tese de doutorado, apresentada na Universidade de Friburgo (Alemanha) sob a direção do professor E. Schockenhoff, que trata precisamente disso: que paradigma utiliza o manual *Moral de Atitudes*? O aluno em questão – Ulrich Feger – constatou que é um paradigma de autonomia teônoma, mas também, de teologia da libertação.

E eu creio que percebeu bem, no sentido de que continuo pensando que se trata de um paradigma da razão aberta para a revelação, mas tudo isso pode ser feito desde sensibilidades distintas, o que eu chamo de chave. Não utilizei a chave a favor de um império ou a favor da classe média (que também é muito válida), mas usei a chave de ir ao povo menos favorecido para verificar se essa teologia lhe serve para a libertação. E, nesse sentido, tentei (certamente não consegui de forma perfeita) que fosse a chave da libertação. Portanto, tive que usar a teologia da libertação, não como um paradigma teológico moral único, mas como chave para interpretar o paradigma de autonomia teônoma.

Também foi o que percebeu um colega moralista, o alemão Dietmar Mieth, que na revista *Concilium* (n. 192, 1984) assinalou que minha compreensão da Teologia Moral estava próxima da teologia da libertação. Estava baseada na autonomia teônoma em chave de libertação. Em chave de libertação tanto para a África, quanto para a Ásia, América Latina e Europa.

Nesse sentido, como podes imaginar, utilizei mais a teologia da libertação latino-americana, mas não por pensar que seja a única. Certamente, é a mais perfeita, mas não é a única, porque existem outras, africanas e asiática, com as que também é necessário contar, e também da Europa.

— Embora já tenhas aludido a determinados documentos eclesiásticos, relacionados com a Teologia Moral, voltemos agora mais detidamente a eles. Durante tua trajetória teológico-moral, foram publicados vários documentos importantes relacionados com problemas morais desde o ponto de vista do magistério, algumas encíclicas de âmbito social — algumas muito boas e outras não tão boas, mas em geral bem — também algumas no âmbito da moral pessoal, bioética e fundamentação da moral: Humanae Vitae, Persona Humana, Veritatis

Splendor, Donum Vitae *etc. Como foi tua recepção desses documentos magisteriais?*

A resposta para tua pergunta daria um livro inteiro e até vários livros. Responderei resumindo o essencial que, sem dúvida, é o que interessará ao nosso leitor, pois tu conheces bem esses temas (bem como todos os outros que tratamos) e não precisarias de meus esclarecimentos.

Sobre o magistério social, fiz uma recepção muito positiva, agradável e enriquecedora. Achei que era mais valioso o magistério social de João XXIII, na *Pacem in terris* (1963), que o que veio depois. É um documento que oferece inspirações ainda inéditas, algumas inéditas teoricamente e a maioria delas inéditas em sua realização. Achei também que a carta apostólica de Paulo VI, *Octogesima Adveniens* (1971) tinha uma visão muito mais a longo prazo que os documentos anteriores. E lembro algo que, sem dúvida, já sabes: durante muito tempo era proibido citar a *Octagesima Adveniens*, ao menos era malvisto no Vaticano, e foi o papa Francisco quem a citou na *Evangelii Gaudium* (2013) e voltou a citá-la na encíclica sobre a ecologia, *Laudato Sì* (2015).

Para mim, os documentos do magistério social foram francamente positivos, muito valiosos, estimulantes, e me serviram muito, sabendo distinguir entre uns e outros. Por exemplo, eu acredito que foi um verso solto a encíclica sobre o trabalho, *Laborem exercens* (1981), sobre a qual ninguém diz nada, porque não sabe o que se poderia dizer. O trabalho, hoje em dia, coloca-se de outra forma, não se pretende unir o marxismo com o cristianismo, como provavelmente pretendia a encíclica.

Valiosa foi a encíclica *Sollicitudo rei socialis* (1987) em alguns pontos essenciais, como a integração da doutrina social da Igreja com a moral e com a teologia da libertação, a reafirmação do princípio de solidariedade, a aceitação e o uso da categoria de estruturas de pecado para falar de instituições e de estruturas injustas. A encíclica *Centesimus annus* (1991), escrita para comemorar a recorrência centenária do texto que inaugurou a doutrina social da Igreja na época moderna (a encíclica *Rerum Novarum*, 1891, de Leão XIII) repensou o pensamento social católico para os tempos novos nascidos com a queda do socialismo real (implosão da URSS). Foi esse documento que colocou, de forma profunda, a moralidade da economia de mercado e, consequentemente, do capitalismo econômico.

Não é preciso recordar o mais recente magistério social de Bento XVI. Desde a *Deus caritas est* (2004) até a *Caritas in veritate* (2009), o Papa alemão introduziu a moral social dentro da teologia: teologizou a doutrina social da Igreja. O fez desde a perspectiva de uma antropologia teológica de caráter integral. Como vês, o magistério pontifício de caráter social, além de não me ter causado nenhum problema, enriqueceu-me, estimulou e deu motivos para continuar trabalhando no campo da teologia moral social.

– Mas, vamos aos documentos do magistério pontifício que citávamos antes. Comecemos pela encíclica Humanae Vitae.

Sim, além do magistério social, que acabo de comentar, há outro, que parece sempre mais próximo da teologia moral, embora já dissemos que não é que seja mais próximo, porque a moral social é tão moral quanto a sexual e a moral familiar, mas porque assim é considerado pelo povo, também por algumas pessoas teologicamente preparadas.

Sobre a encíclica *Humanae Vitae*, lembro a data em que foi publicada, julho de 1968, e o lugar em que precisei abordá-la, Santander; e recordo a gritaria que houve por vários dias. Tudo isso, e também lendo o que dizia Bernhard Häring sobre ela: – que a *Humanae Vitae* recolhia o que o Concílio não quis afirmar; – que era uma tomada de postura do Papa, somente dele, frente à opinião da maioria.

Foi uma autêntica crise. Passei pela crise como consegui, agora que já passou o tempo suficiente, como teólogo tenho para mim que a *Humanae Vitae* passará como passaram outros textos pontifícios. Escrevi que a encíclica *Humanae Vitae* passará para a história de modo muito parecido como passou encíclica a *Vix pervenit* (1745) contra a usura. Nessa encíclica, o papa Bento XIV afirma que a usura é injusta e imoral, mas mais tarde, o *Código de Direito Canônico* de 1917 mandou aplicar o dinheiro das instituições eclesiásticas para que produzisse dinheiro, ou seja, tirar dinheiro do próprio dinheiro, coisa que a encíclica de Bento XIV condenava.

A encíclica *Humanae Vitae* disse uma coisa e agora se pratica outra. Formulado assim, esse fato ainda não é critério para dizer que o conteúdo da encíclica não tenha validade. Mas sim, existe o fato teológico de que não houve uma recepção por parte do povo cristão em seu conjunto. O grande eclesiólogo Yves Congar, feito cardeal da Igreja no final da vida, sustentava que para os documentos magisteriais serem plenos devem obter a recepção (*receptio*) por parte dos fiéis em seu conjunto. É o que conhecemos na teologia como princípio do *sensus fidelium* (sentido de fé do conjunto da Igreja) que não é, nem simples assentimento (*assensus*), nem tão pouco, apenas mero consenso (*consensus*).

Da encíclica *Humanae Vitae* ficarão os princípios básicos sobre o significado do amor, sobre a responsabilidade na procriação humana etc; como ficam os princípios gerais em que se baseava a mencionada encíclica *Vix pervenit*; mas, como daquela, também desta serão esquecidas as orientações morais concretas.

— E sobre o outro documento, Persona Humana, *de Paulo VI, que é da mesma época?*

Depois da encíclica *Humanae Vitae* veio um documento muito duro para a moral e para os moralistas, *Persona Humana* (assinado em 31 de dezembro de 1975 e tornado público em 1976), que não tem o *status* de uma encíclica, mas é um documento (uma *Instrução*) da Congregação para a Doutrina da Fé (CDF). Parece que na redação do texto participou um redentorista, Jan Visser, professor de moral no colégio *De Propaganda Fide* (Roma) e continuador do manual de moral casuísta, que eu estudei no seminário, o Aertnys-Damen-Visser. Alguém da nossa casa redentorista de Roma, onde Visser morava, disse-me que quando viam pelos corredores esse moralista holandês, falavam brincando: aí vem o "persona humana".

O documento trata de três questões concretas de ética sexual: masturbação, relações sexuais pré-matrimoniais e homossexualidade. Na época, chamou a atenção a afirmação do documento de que todo ato de masturbação é uma falta objetivamente grave, por isso, havendo os pressupostos requeridos de liberdade, pecado mortal. Naquele tempo não se estranhou – hoje em dia, sim, se estranharia – também ter dito que todas as relações sexuais antes do matrimônio deviam ser consideradas imorais. Entre parênteses: tu me pediste um artigo sobre esse tema para a revista galega *Encrucillada* (n. 192, 2015); nele, expus a possível orientação moral atual sobre esse tema e, em geral, sobre a etapa prévia ao matrimônio (todavia, mais entre parênteses: lamento que o sínodo dos bispos sobre a família, tanto o extraordinário de 2014, quanto o ordinário de 2015, não tenha abordado essa questão com profundidade, com coragem e com visão de futuro).

Voltando ao documento que estamos comentando, *Persona Humana* também expôs a visão moral cristã sobre a homossexualidade. Nesse ponto foi mais aberto, distinguindo entre "atuação" e "condição", e adotando uma postura compreensiva e de perdão. Mas, afirma algo muito discutível sobre a condição homossexual: que é uma condição viciada (*conditio vitiata*) e, sobre a atuação, aceita a complementariedade homoafetiva, mas declara intrinsecamente imoral o encontro homogenital. Tais afirmações estão debaixo do tapete, tanto da hierarquia eclesiástica, quanto dos teólogos.

Mas o problema de *Persona Humana* não foi tanto o que disse sobre as três questões que acabo de comentar, mas sim o paradigma teológico-moral que utilizou para dizer o que disse: supunha a volta da moral casuística, onde a moralidade se mede pelo que tem de fisiologia e pelo que produz a fisiologia. Realmente, a publicação do documento foi um balde de água fria para nós, que havíamos escrito sobre moral sexual, bem como para a maior parte dos moralistas empenhados na renovação teológico-moral pós-conciliar. Conheço um moralista que, por causa desse documento, deixou de ensinar moral sexual por não suportar expor o tema em sala de aula frente a essa postura do magistério eclesiástico. Eu aguentei, levado pela sabedoria popular muito usada na Galícia: depois da tempestade vem a bonança.

– *Na época de João Paulo II saíram outros documentos sobre temas morais.*

Sim. Saíram outros. Em primeiro lugar saiu um documento muito lúcido sobre a questão moral da eutanásia. Foi uma declaração da Congregação para a Doutrina da Fé intitulada com as três primeiras palavras latinas: *Iura et Bona* (1980). É o texto da doutrina oficial católica que, pela primeira vez, formula a categoria moral de morte digna. Além disso, apresenta as opções morais do fim da vida como tensão entre o valor da vida (humana) e o valor do morrer (com dignidade humana). Esse documento prolongava e atualizava o que Pio XII tinha dito (1957) sobre o direito de não recorrer ao que então se chamava reanimação e, atualmente, chama-se obstinação terapêutica (ou prolongamento indevido da vida humana).

Mas, depois veio outro documento de significado mais amplo, que abarcava quase todo o campo da recente disciplina da bioética. Foi a Instrução *Donum Vitae* (1987), da mesma Congregação para a Doutrina da Fé. Chamou a atenção de muitos de nós moralistas não apenas a letra, o que dizia, mas também o tom: forma taxativa e fechando os caminhos quando os avanços científicos davam ainda os primeiros passos. Eu não dava aula de bioética na universidade, mas escrevia sobre o assunto e falava sobre esses temas fora da universidade. Mesmo me livrando do tema nas aulas, procurei tratar os problemas gerados, tanto de um lado (magistério), quanto de outro (o que dizia a ciência e, até mesmo, o senso comum).

Se os professores de moral sexual tiveram dificuldades com *Persona Humana* (em Comillas, o professor María Díaz Moreno), com a *Donum Vitae* foi a vez dos professores de bioética (em Comillas, o professor Javier Gafo). Sobre isso, recordo um episódio: eu e um grupo de professores, provenientes da filosofia, direito, moral etc., tínhamos realizado, no Instituto Matrimônio e Família de Comillas, um seminário com várias sessões sobre técnicas de reprodução assistida. O livro com as conclusões foi publicado com o título: *Nuevas técnicas de reproducción humana* (Madrid, Universidad Pontificia Comillas, 1986). E ainda fizemos algumas jornadas sobre o tema, trazendo o médico que tinha realizado a primeira fecundação *in vitro* da Espanha, o doutor Pere N. Barri, do Instituto Dexeus (Barcelona). Também essas colocações foram publicadas. Consideramos que as conclusões foram sensatas, tanto as do seminário, quanto as das jornadas. Contudo, as orientações da *Donum Vitae* iam por caminhos diferentes.

O magistério mudou a abordagem da bioética, mas não tanto quanto alguns de nós moralistas gostaríamos. A Instrução da Congregação para a Doutrina da Fé, *Dignitas Personae* (2008), melhorou o tom, mas não a letra. Como tinha que dar aulas de moral fundamental na universidade, em minha atividade acadêmica repercutiram mais os documentos que vieram depois (claro, descontando esse de 2008). Refiro-me ao *Catecismo da Igreja Católica* e à encíclica *Veritatis Splendor*.

– Antes da Veritatis Splendor, *está o famoso discurso de João Paulo II, que já mencionamos, no congresso organizado por Carlo Caffarra, em Roma.*

Este congresso nos abre outro tema, que é a ofensiva do Instituto João Paulo II, no final dos anos oitenta, contra Bernhard Häring e todos os teólogos moralistas de orientação progressista. Foi diretamente conduzida, enquanto chefe da tropa, por Carlo Caffarra, presidente do Instituto

João Paulo II para a Família (Roma); mas envolvia todo o Instituto João Paulo II, somados ainda todos os conservadores de Roma. Foi desses âmbitos acadêmicos que saiu a redação de um documento posteriormente assumido pelo papa João Paulo II no Congresso em questão.

Essa intervenção pontifícia chegava quase a declarar a infalibilidade do conteúdo da encíclica *Humanae Vitae*. Tal fato, somado a determinadas atuações romanas na nomeação de bispos, provocaram uma comoção entre os teólogos, principalmente, alemães. A chamada *Declaração de Colônia* (1989) foi resposta a essa ofensiva conservadora romana em que se engrandecia chamativamente a infalibilidade do Papa. Entre os promotores e primeiros assinantes da *Declaração de Colônia* é preciso nomear Hans Küng, Eward Schillebeeckx e Dietmar Mieth. Bernhard Häring também a assinou. Depois, muitos outros teólogos europeus foram se somando, também assinaram muitos de nós, teólogos espanhóis.

Quem assinava a declaração ficava marcado diante da hierarquia eclesiástica quanto a postos e atuações, por exemplo, receber o *placet* romano para ser professor estável em uma universidade pontifícia. Como acabo de dizer, o mais chamativo para a teologia moral foi o congresso pretender e tentar conferir valor de infalibilidade ao conteúdo moral da encíclica *Humanae Vitae* quanto à imoralidade da contracepção.

Além do aspecto prático, a tentativa trazia consigo a chamativa extensão do âmbito da infalibilidade pontifícia às questões de moral. Foi isso o que nos levou a assinar a *Declaração de Colônia*. Lembro que sobre esse e outros acontecimentos problemáticos para a teologia moral dos anos oitenta escrevi um artigo na revista *Sal Terrae* (77, 1989, p. 575-593): "¿Qué está pasando en la Iglesia con la moral?" Artigo que causou certo rebuliço.

— *Depois, veio a publicação da* Veritatis Splendor, *quem sabe, a mais significativa para ti, dado que, por exemplo,* Humanae Vitae *te pegou mais jovem e quando saiu* Veritatis Splendor *estavas dando moral fundamental em Comillas.*

Isso mesmo. Essa deu de frente no casco do navio. É uma encíclica que questiona radicalmente a moral renovada. Trata quatro pontos essenciais da moral fundamental, emoldurando-os com uma introdução (bonita) e uma conclusão (aceitável). Os pontos são: relação entre liberdade e lei, relação entre consciência e verdade, relação entre atos concretos e opção fundamental, e a determinação moral do ato humano pelo objeto. A forma de resolver essas questões e, em geral, o tom da encíclica, eram contrárias ao que um grande número de nós moralistas ensinávamos nas universidades pontifícias.

O documento pontifício produziu notável impacto na sensibilidade dos teólogos moralistas da renovação moral do imediato pré-concílio e, ainda mais, nos do pós-concílio: Häring, Fuchs, Böckle, McCormick etc. Eu não podia ficar indiferente diante disso. Não fiz protestos públicos. Dediquei-me a estudar o documento e discernir qual postura adotar. Publiquei um comentário à encíclica: *La propuesta moral de Juan Pablo II*. Comentario teológico-moral a la encíclica 'Veritatis splendor' (Madrid, PPC, 1994), com imediatas traduções para o português (Perpetuo Socorro, 1994) e para o italiano (Dehoniana, 1994). Quem sabe, também movido pelo afeto para com minha pessoa, Bernhard Häring disse na recensão do livro em *Studia Moralia* que não conhecia comentário mais profundo feito sobre uma encíclica do Papa.

– Logo voltaremos a esse teu livro. Agora pergunto: quem escreveu a Veritatis Splendor?

Não sei quem foram os redatores, nomes e sobrenomes. Digo o que consegui deduzir pelo conteúdo e forma da encíclica. O texto tem uma clara impostação tomista, mas não do tomismo aberto, de um tomismo bastante conservador. Já te disse que vejo projetadas sobre o texto as sombras de G. M. M. Cottier, teólogo da casa pontifícia, bem como a de S. -T. Pinckaers. As citações da Suma Teológica de Santo Tomás ao pé de página indicam as partes do texto onde se percebe a projeção tomista.

Eu escrevi um artigo a respeito desse pano de fundo tomista (conservador) presente tanto no *Catecismo da Igreja Católica* quanto na *Veritatis Splendor*. A parte crítica da encíclica, que vai contra tudo o que então se considerava concessão ao proporcionalismo, consequencialismo, intencionalismo, utilitarismo e outros "ismos ameaçadores" daquele momento, pode muito bem ter vindo dos grupos de moralistas próximos ao Instituto João Paulo II, *Opus Dei* etc.

O restante, de caráter menos significativo, é normal que dependa de redatores ordinários da CDF e, em geral, dos dicastérios romanos. No verão anterior à publicação o texto vazou, ao menos em sua versão alemã, que foi a que eu pude ler. Contra ou a favor da vontade dos redatores? Não sei. Já antes da publicação do documento romano as reações não se fizeram esperar.

Creio que Häring, por não ver, suficientemente, afirmado o valor da consciência, escreveu ao cardeal Josef Ratzinger para que constasse claramente na encíclica uma afirmação sobre esse valor, tão claro ao longo da inteira tradição teológico-moral cristã. De fato, a encíclica afirma, explicitamente, que a consciência é a última instância ou norma da moralidade. As reações mais fortes à encíclica vieram depois de sua publicação. É de destacar um livro, que na Espanha não teve tanta divulgação, mas na Alemanha e na Itália sim, e foi uma resposta de todos nós que nos sentíamos atacados. O que perguntávamos era precisamente: será verdade que declararam fora do jogo a Teologia Moral produzida depois do Concílio?

– De fato, como reação à Veritatis Splendor *saíram vários livros. Alguns deles bastante defensivos da encíclica, mas outros bastante críticos, como aquele intitulado* La teologia moral, ¿en fuera de juego?, *em que escreveste um capítulo.*

A reação crítica ante a encíclica *Veritatis Splendor* que mais impacto causou nas autoridades vaticanas foi o livro *La teología moral, ¿en fuera de juego?*, editado por D. Mieth e publicado pela editora católica alemã Herder. O original alemão passou um tanto desapercebido, mas quando apareceu a tradução castelhana, temendo uma grande amplidão de leitores, veio a reação oficial. O livro mereceu um artigo de primeira página no *L'Osservatore Romano*, assinalado com três asteriscos, forma de protesto da autoridade eclesiástica (Congregação para a Doutrina da Fé), a mais contundente antes de uma condenação formal.

Para fazer esse livro em conjunto, o moralista alemão Dietmar Mieth pediu colaboração aos grandes moralistas da etapa pós-conciliar: J. Fuchs, B. Häring, R. A. McCormick etc. As colaborações, em geral, transpiram dor, decepção e aspereza. Eu colaborei com uma reflexão sobre o fundo tomista da encíclica e do *Catecismo da Igreja Católica*, reflexão que já referimos antes.

– *Sempre dizes que um autor se vincula a uma obra. E tua obra é, sem dúvidas, a* Moral de Atitudes. *Como surgiu a ideia de fazê-la e o que significou para ti?*

A ideia de fazer um manual de Teologia Moral me veio enquanto preparava e era publicado o livro *Moral Fundamental Personalista*. Os bibliófilos costumam encontrar a dificuldade de saber onde está o primeiro tomo da primeira edição de *Moral de Atitudes*. A primeira edição desse primeiro tomo é a *Moral Fundamental Personalista*. Uma vez publicada, dei-me conta de que existia um público pedindo um livro de moral renovada que abarcasse a temática completa. Foi então que tomei a decisão: vou fazer um manual completo, não somente uma *Moral Fundamental Personalista*, mas sim um manual de moral.

Pensei em três volumes: um sobre moral fundamental, outro sobre moral da pessoa e outro sobre moral social. Como disse, considero essa divisão uma contribuição peculiar minha, pois depois foi seguida em outros manuais de teologia moral e, até mesmo, na organização dos estudos de teologia moral nos centros teológicos. Em edições posteriores da obra, por causa da amplidão do conteúdo, precisei dividir o tomo segundo em duas partes. Dessa forma, são quatro os tomos que compõem a obra *Moral de Atitudes*. Essa divisão do tomo II em duas partes me traz a recordação da *Prima Secundae* (I-II) e da *Secunda Secundae* (II-II) da Suma Teológica de Santo Tomás de Aquino.

Assim nasceu a *Moral de Atitudes*, quase por casualidade, como nascem as coisas. Prescindindo agora do conteúdo, há algo que acertei em cheio: o título. Não o chamei de manual de teologia moral, mas *Moral de Atitudes*. Além da expressão soar bem em seu conjunto, o termo "atitude" se converteu em marca e senha da moral renovada. Inicialmente, ofereci o texto da *Moral Fundamental Personalista* para a editora San Pablo. Como eles não acharam a publicação oportuna, apresentei à Editora Perpétuo Socorro. O diretor de então, Basílio Caballero, já falecido, tinha um faro especial para possíveis êxitos editoriais. Aceitou a publicação da obra. Recebi uma magnífica acolhida desse editor, bem como dos editores seguintes. Apenas nomeio mais um, também falecido, Vidal Ayala.

Não é preciso dizer que me sinto muito contente e gratificado pelo êxito que teve a *Moral de Atitudes*. O que dizias de que há autores que estão amarrados a um livro, queiram ou não, creio que procede de Francisco Umbral, que se sentia amarrado ao livro *Moral y rosa*, dedicado à morte de seu filho. Eu me sinto muito à vontade, embora ligado em uma relação indissolúvel com a *Moral de Atitudes* = [*Moral de Atitudes*. Aparecida: Santuário, 1995. 4 Tomos].

– Quantas edições saíram?
Teve oito edições. Eu queria que tivesse chegado até a nona, como a *Theologia Moralis* de Santo Afonso. Mas chegou até a oitava. Edições suficientes. Tenho para mim, que um manual dura enquanto dura a vida acadêmica do autor. Existem, evidentemente, honrosas exceções. Oito edições, e abundantes em exemplares, é bastante. São muitos livros que andam por aí.

– Já estás a algum tempo em outro grande projeto: a história de uma Teologia Moral completa; não existe nada parecido no mundo, é o único nesse nível, como te veio a ideia de fazê-lo?
Eu já tinha o projeto há muito tempo, mas era projeto de fazer uma história da moral muito mais curta, quase um livrinho. Quando terminam as aulas, tu ficas sem trabalho, porque as aulas ocupam muito do teu tempo. Quanto te aposentas, sobra tempo. E o que fazes? Eu tive a precaução de ir recolhendo muitos materiais de história da teologia moral enquanto explicava os diferentes temas: tomava

muitas notas e as conservava – e as conservo – dado que, além disso, sempre tive muito interesse pela história de cada tema. Por outro lado, dei cursos de história da moral em Comillas. E pensei: "Vou me dedicar a fazer a história da moral. Faço um livrinho? Não, não vou perder tempo fazendo um livrinho, porque já existem alguns e a única coisa para que serve um livrinho é fichar autores e livros". É possível tratar vinte séculos em um livrinho?

Além disso, não existe uma história completa da teologia moral em nenhuma língua. Uma história que não se limite ao casuísmo e que, além disso, trate a moral na relação com os outros saberes. Dessa forma, dispus-me a fazer algo de mais envergadura. E pensei não apenas na história da moral, mas uma história da teologia moral vinculada com a teologia, sobretudo, com a espiritualidade e a pastoral, e que também levasse em conta a dogmática.

E, no mais, vinculada ao pensamento da época. Ao pensamento filosófico, evidentemente, mas, na medida do possível, também ao pensamento cultural, ou melhor, às manifestações culturais de cada momento. Chamei essa maneira de fazer história da teologia moral de metodologia holística, ou seja, fazer a história de um determinado saber (nesse caso, o saber teológico-moral) com todas as suas conexões (de receber influência e de originar influxos).

– Como a editora recebeu o teu projeto?
Penso que te referes ao problema econômico. E fazes muito bem, porque foi o primeiro entrave que precisei su-

perar. De fato, tinha prometido à editora Trotta um livro sobre a história da teologia moral. O diretor, Alejandro Sierra, chamou-me várias vezes para se inteirar sobre a execução, até chegou a anunciar o livro em alguma revista. Quando apresentei o original, com mais de mil páginas, e além disso, como primeiro tomo (a moral patrística) de uma série de outros seis, o editor se assustou, pediu um tempo para pensar e respondeu que o projeto superava suas possibilidades; creio que pensava principalmente nas possibilidades econômicas (sobretudo, levando em conta que uma obra desse tipo dificilmente obteria ajudas econômicas da administração pública, com as que, acredito, geralmente conta a referida editora).

Peguei as páginas e me fui para a editora Perpétuo Socorro. A acolhida por parte do editor, Octavio Hidalgo, não poderia ter sido melhor. Tive a impressão de ver se repetir o faro editorial que tinha visto no editor para quem apresentei a *Moral de Atitudes*. Nessas duas ocasiões comprovei a verdade do provérbio latino *audaces fortuna iuvat* (a sorte ajuda quem é ousado). Evidentemente, a publicação da obra que lhe oferecia não deveria significar um grande negócio econômico, mas prestígio editorial também é quantificável.

De fato, as contas apresentam um balanço econômico positivo: primeiro, não se perde dinheiro; segundo, está dando trabalho aos empregados, coisa que já é um ganho; terceiro, no fim do ano há algum benefício, tanto para a editora, quanto para o autor. Que mais se pode pedir na atual conjuntura histórica do trabalho editorial e para uma obra desse tipo? O fato de a obra ter vários volumes também tem vantagens para a venda: um tomo chama o outro, os dois chamam o terceiro, e assim por diante.

– Em que situação se encontra a publicação da obra nesse momento?

Os volumes foram aparecendo conforme o programa previsto. Já foram publicados cinco volumes: Patrística, Idade Média, Renascimento e América (dois volumes), e sobre o século XVII. Estou terminando o estudo sobre o século XVIII, ao que dediquei particular interesse porque aparece a figura de Santo Afonso de Liguori: serão dois grossos volumes [*Alfonso de Liguori (1696-1787): el triunfo de la benignidad frente al rigorismo.* Editorial Perpétuo Socorro, 2019. Historia de la Teología Moral V: de Trento ao Vaticano II. Tomo I (854p.), Tomo II (664p.)]. Tenho previsto o volume seguinte, sobre os séculos XIX-XX, e o último, de recapitulação, sobre a história dos tratados e dos temas. Então voltarei para o primeiro volume que está em aberto: as raízes bíblicas e o enquadramento greco-romano da moral cristã. Este último tema, no segundo dos aspectos indicados, é algo novo nos tratamentos morais existentes.

O projeto da história da teologia moral foi bem acolhido e os volumes publicados receberam boas recensões em diversas revistas. Pensando em ti e nos outros professores de teologia moral, consignei muitos dados, de orientação geral e também de caráter bibliográfico. Espero que sejam úteis.

– *Sim. Agradecemos e nos perguntamos: como fazes para ter tanta informação, não apenas de conteúdo, mas também bibliográfica?*
É um segredo. Apenas digo a iniciados como tu, conforme o belo romance castelhano: "A los que conmigo van". Sigo o conselho de meu pai: *Acerta sempre no cravo e nunca na ferradura.* Tudo o que faças (notas que tomes, livros que leias, dados que encontres etc.), faze-o definitivamente (ou seja, bem) para que não tenhas que voltar a fazê-lo. E, claro... planeja bem o trabalho, executa sem nervosismos, mas sem pausa; e não deixa de te divertir.

Com tua permissão, gostaria de expressar um desejo sobre minha história da teologia moral. Gostaria que ficasse "mal" quem fez a recensão do primeiro volume na revista *Theological Studies* (Estados Unidos) gorando a conclusão do projeto. Para isso, a Deus peço saúde; ao editor, apoio; e aos leitores, benevolência.

QUARTA PARTE

PERTENÇA ECLESIAL

– *Entraste muito cedo nos redentoristas e, embora pertencer a uma congregação religiosa sempre implique em certos elementos que têm a ver com a obediência, soubeste te manter muito livre em tudo. É fácil fazer isso? Como viveste a relação entre obediência e liberdade dentro de uma instituição?*

O fato de pertencer a uma instituição, nesse caso, uma congregação – dado que nós redentoristas não somos uma ordem, nem clérigos regulares – nascida depois de Trento, já no século XVIII (1732), limita-te, sim. Mas aceitas como possibilidade para algo melhor. De fato, para mim, a pertença a uma congregação me deu possibilidades.

Em primeiro lugar, porque me proporcionou uma identidade na Igreja. Em segundo lugar, porque é uma instituição dedicada ao mais essencial na Igreja, que é a pastoral da evangelização, pensando na gente simples, para ajudá-la a viver mais feliz nesse mundo. Consequentemente, senti-me muito a vontade na congregação.

A pertença a uma instituição também tem suas limitações. A mais importante é a obediência: tens que ir para onde te enviam. Nesse sentido, foi muito bom para mim, porque me enviaram para estudar e me preparar em algo essencial na congregação: o estudo da moral, e que me agradou muito. Mas, havia a hipótese de me terem enviado para outra coisa que eu não gostasse: teria que aceitar.

Por outro lado, a congregação não resolve tudo para ti. Se não trabalhas, se não te esforças, a congregação não supre tuas carências. Ela te dá uma possibilidade, mas precisas converter em ato de autêntica realização. E isso é o que senti na congregação. Em síntese: muito contente, bastante identificado e suficientemente satisfeito; escolhi intencionalmente as adjetivações, tanto as adverbiais (muito, bastante, suficientemente), quanto as nominais (contente, identificado, satisfeito). Além disso, sempre me senti muito aceito e gratificado.

– Mas, além da congregação, tu és um teólogo. Fizeste teologia, e fazer teologia, também em âmbito eclesial, não é fácil. Às vezes podem surgir problemas. É possível fazer uma teologia livre, honesta e, ao mesmo tempo, sempre fiel ao magistério?

É difícil. E, às vezes, até podemos dizer que muito difícil, ao menos, segundo os parâmetros que até agora tivemos de teologia. Ou, ao menos, segundo os parâmetros que temos de teologia desde o Concílio de Trento, ou desde o Vaticano I. É difícil fazer uma teologia livre, honesta, e dizer o que pensas, dizê-lo nas aulas e, ao mesmo tempo, te manter dentro de uma linha oficial. É muito difícil, eu vivi e comprovei isso.

Contudo, em um conceito autêntico de teologia, não é tão difícil. No sentido, que sabemos bem, de como os teólogos medievais eram livres, muito mais livres do que somos agora ou do que fomos até o momento. Na etapa anterior a Trento também houve bastante liberdade.

Mesmo depois de Trento, existiram na teologia moral as famosas escolas e sistemas de moral que deixaram muita liberdade ao trabalho teológico-moral. De modo que é certa a situação de dificuldade, mas para um determinado tipo de teologia.

Eu penso que o fazer teologia vai mudar. Haverá uma apresentação do conteúdo cristão que será catequese ou catecismo. Essa apresentação será a oficial. Além dela, haverá outra teologia, feita por pessoas livres, cristãos ou não cristãos, crentes e até não crentes. E essa será uma teologia autenticamente livre. Se olhares as exigências epistemológicas da teologia e te mantiveres dentro de um âmbito para o qual se faz essa teologia, não haverá problema.

De fato, há aspectos na teologia de hoje que são feitos fora do âmbito estritamente acadêmico-teológico. Na Itália existe uma disciplina chamada história do cristianismo; é dada nas universidades civis e produz conteúdos de caráter teológico muito bons. Pensemos nas contribuições de P. Prodi, A. Prosperi etc. Algo parecido ocorre na Espanha, no âmbito das ciências históricas. Eu utilizei escritos produzidos em universidades civis sobre o fato religioso e, mais concretamente, sobre o fato religioso cristão. Acredito que a teologia autêntica do futuro será muito mais livre que a que temos feito até agora.

— Chamou-me a atenção que, apesar de teres nome desde cedo, e muito destaque depois, não exerceste cargos de relevância na Igreja, em comissões de alguma coisa... A que se deve

isso? E, por outro lado, qual foi a relação com a hierarquia espanhola em todo esse tempo?

Em relação à primeira pergunta, é um dado evidente, um fato objetivo. Eu não intervim, nem tomei parte de comissões, nem de instituições eclesiais chamativas. A que se deve isso? Deve-se à minha recusa? Não. Simplesmente não me chamaram. Mas eu também nunca busquei. Eu suspeito que essas situações algumas vezes vêm e outras vezes são buscadas. Nunca vieram para mim, mas eu também nunca as busquei. E, avaliando o fato, sinto-me muito feliz de não ter participado. Sem negar, absolutamente, o bem que fazem os que participam delas. Mas esse é o fato, e é preciso reconhecê-lo.

Quanto à segunda pergunta que me fazes, sobre minha relação com a hierarquia eclesiástica, posso dizer que, como em quase tudo, depende dos dialogantes. Ou melhor, da ideia que cada um tem do outro dialogante, mais que da realidade. E aqui eu acredito que posso distinguir duas etapas em minha relação com a hierarquia eclesiástica. Quando falo de hierarquia eclesiástica refiro-me aos bispos normais e correntes, os das dioceses, não aqueles que dirigem instituições vaticanas ou da Igreja espanhola.

Houve um primeiro momento, depois do Vaticano II, em que percebi nos bispos o desejo de conhecer as novas orientações teológicas e, concretamente, as teológico--morais. Nesse período, que durou bastante tempo – dez, quinze anos ou mais – nós, teólogos moralistas, éramos muito valorizados. Eu, pessoalmente, senti-me muito valorizado pelos bispos. Não digo que por todos os bispos, mas em termos gerais. E falo levando em conta os fatos.

Os bispos me chamavam para dar palestras aos sacerdotes, isso indica que o bispo confia em ti e te aceita. Estive em muitas dioceses dando palestras e conferências. A primeira delas, que recordo com muito carinho, foi na diocese de Tuy-Vigo, com o bispo José Delicado Baeza sentado na primeira fila e acompanhando todo o curso, perguntando, refletindo... Era quando se lhes expunham as novas categorias, o que é a opção fundamental, o que é atitude, qual a relação entre opção fundamental, atitude e ato, o que é o pecado, como se interpretava a culpabilidade, o pecado mortal e venial etc. Ali estava o bispo José Delicado prestando atenção, como o primeiro da fila.

Também lembro minha presença como conferencista na diocese de Oviedo. As dioceses bascas tinham sido dioceses que aceitaram minhas intervenções como professor: diocese de Bilbao (em várias ocasiões), diocese de San Sebastián (em várias ocasiões), Faculdade de Teologia de Vitória. Seria prolixo, e feriria meu pudor, nomear todas as dioceses em que dei conferências, palestras ou cursos sobre moral renovada, a pedido ou, ao menos, com o consentimento do respectivo bispo: Mondoñedo-Ferrol, Astorga, Palencia etc. Se quiseres comprovar os dados, remeto ao meu currículo, na página do *Instituto Superior de Ciencias Morales*.

Posso dizer, sem querer ofender ninguém, que as dioceses mais progressistas eram as que mais nos chamavam.

Sobre isso, lembro a situação aqui, em Madri. O professor de Comillas, Gregorio Ruiz, de feliz memória, e eu, percorremos, por vários anos, todos os vicariatos quando Vicente Enrique Tarancón era arcebispo e bispos auxiliares Ramón Echarren e Alberto Iniesta. Naquela época, os professores de teologia eram muito conhecidos e valorizados entre os sacerdotes que trabalhavam diretamente na pastoral. Era a época em que as igrejas diocesanas queriam se colocar em sintonia com o Concílio e, para isso, chamavam gente que acreditavam que podia lhes informar e formar nas novas orientações teológicas.

Terminada a época de Tarancón na Espanha, e com o começo na Igreja do que Evangelista Vilanova chamava "a era wojtiliana", as coisas começaram a mudar também nesse aspecto da relação dos teólogos com as dioceses. Além disso, os de tua geração não costumam ter conhecimento dessa época. Daí vem a impressão da existência de má relação entre os teólogos e bispos. Houve uma etapa de grande aceitação por parte dos bispos espanhóis em relação a nós, teólogos, que fomos formados imediatamente depois do Vaticano II, sobretudo, em temas que supunham uma mudança notável, como eram quase todos os temas morais. Pense no que significa fazer passar, toda uma diocese, do paradigma moral casuístico para o paradigma da moral renovada: na pregação, na catequese, na pastoral da confissão etc.

O que te disse das dioceses poderia ser dito das congregações religiosas. Dei muitos cursos de renovação moral para comunidades de religiosos e províncias inteiras de algumas instituições religiosas masculinas. Esse dado precisaria ser multiplicado, ao menos por cinco, se falarmos de comunidades e províncias de religiosas. Para comprovar, volto a te remeter ao longo currículo de quem acaba de contar.

Não sou muito dado a levar em conta o que faço, pertenço à estirpe dos que têm por divisa: "fazer e não ficar contando". Mas, algumas vezes, fico pensando nos lugares da geografia espanhola onde estive para alguma conferência ou curso, com frequência, várias vezes. Eu mesmo me admiro com isso. Minha reação normal é formular internamente um ato de agradecimento: a Deus, pela saúde; e aos que me chamaram, pela confiança que depositaram em mim.

– Também tiveste bastante presença na América Latina.
De fato. Recordo uma experiência bonita, quando dei um curso aos bispos do Chile. Praticamente todos os bispos do Chile participaram daquele curso. Todos na minha frente como alunos, para ver o que era a teologia moral renovada. Sublinho que o episcopado do Chile, que me convidou, sem ofender nenhum outro episcopado da América Latina daquele tempo, era o episcopado melhor formado. Por exemplo, na Igreja chilena havia sido feita uma renovação catequética, que foi quase a primeira da Igreja. E, sobretudo, era um episcopado que tinha liderado forte movimento a favor da libertação, da democracia. A Igreja

chilena tinha muitos bons teólogos. Os bispos chilenos me pediram que fosse falar sobre a moral renovada, e eu fui muito feliz.

Também recordo outros bispos da América Latina; nesse caso, os bispos do Uruguai. O curso não era exclusivo para eles, como no caso anterior. Pois bem, estavam ali praticamente todos os bispos do Uruguai, na fileira da frente. Eram todos muito simples porque, em um país secularizado como o Uruguai, o bispo é praticamente um cidadão como outro qualquer. Eu os vi admirados. Guardo recordação muito agradecida daquele curso. Foi um dos cursos de maior êxito que tive. Tanto é assim que o jesuíta, que me convidou em nome dos bispos, disse que "esse curso marca um antes e um depois", frase retórica que aceitei como um cumprimento, mas, ao mesmo tempo, denotava uma grande satisfação por parte de todos.

Tive outras muitas intervenções, de diversos formatos, na América Latina (curso, cursinho, ciclo de conferências, palestras etc). Estive em todos os países (em alguns deles várias vezes) da América espanhola. Falta um: Honduras. E não sei por quê, já que ali se encontra o cardeal Óscar Rodríguez Maradiaga, um bom teólogo moralista que estudou na Academia Afonsiana, a quem aprecio e que também me aprecia, segundo me consta com certeza.

No Brasil, porque é mais que um país e quase um continente, estive muitas vezes, em diversos lugares. Acabo de vir de Manaus, na Amazônia brasileira, e tenho programado um curso em Fortaleza daqui a dois meses. De passagem, quero expressar aqui minha proximidade ao âmbito humano de fala portuguesa. É para esse idioma, junto com o italiano, que meus escritos foram mais traduzidos. Por outro lado, senti-me muito acolhido no país de origem desse idioma, Portugal, e em duas áreas geográficas de grande expansão da língua de Camões: Brasil e Angola.

Ao nomear esse país da África, Angola, surgem em mim as "memórias da África". Faz anos que recebi um convite maravilhoso da parte dos Missionários de Guadalupe (mexicanos) para dar uma série de cursos de renovação na temática moral. Fizemos isso no México, como é normal. Mas, nem tão normal, é terem me convidado a repeti-los no Quênia, Coreia do Sul e Japão. Não sabes as oportunidades que esses cursos me deram para contemplar as riquezas geográficas (pensa apenas no lago vitória, no Kilimanjaro ou na região de Mombasa), culturais (no Japão), humanas (dormir em uma ilha pequena, toda ela para leprosos e sentir o cheiro, como de carne humana queimada, na Coreia do Sul), religiosas (pensa na experiência de viver um dia e uma noite no mosteiro budista) e, mais concretamente, cristãs.

Peço desculpas por essa digressão. Mas, quando pediste algo sobre a América Latina, dispararam em mim gratas recordações vinculadas à minha tarefa de promoção e extensão da moral renovada. Não nomeei todos os lugares onde me chamaram; calei muitos deles, por exemplo, os encontros no Canadá francófono (Sainte-Anne de Beaupré) ou na pastoral da migração espanhola na Alemanha.

– Não te preocupes, perdoo essa digressão, agradeço e até me dá uma santa inveja. Mas, dizíamos que fazer teologia é difícil, que alguém pode ter seus problemas e há teólogos que os tiveram nas últimas décadas, e entre eles, vários moralistas. Um dos mais conhecidos é o caso Curran, mas também ficou conhecido, ainda que depois, o processo interno contra Häring, que foi levado em segredo naquele momento; recentemente, uma norte-americana, Margaret Farley. Qual a tua opinião sobre esses processos?

Já no Concílio Vaticano II houve intervenções fortes dos bispos centro-europeus, muito importantes, que levantaram a voz contra ações do, então chamado, Santo Ofício, continuação da Inquisição Romana moderna. Porque houve outra Inquisição Romana medieval. A Inquisição Romana não foi tão forte quanto a espanhola, mas também foi muito dura. Com variações históricas, chegou até o Vaticano II. Paulo VI podia ter feito essa instituição desaparecer. Creio que teria sido melhor para a Igreja.

O que Paulo VI fez foi adaptá-la (1965). Fez uma adaptação muito boa no papel. Mas foi pura teoria. Dali saiu a Sagrada (depois foi tirado o *Sagrada*) Congregação para a Doutrina da Fé (CDF). O título é muito bonito, Congregação para a Doutrina da Fé. Mas como permaneceram velhas pessoas e velhos esquemas, dez anos depois a Congregação para a Doutrina da Fé voltou a repetir o esquema anterior, do Santo Ofício. Depois de sua adaptação, a CDF teve como presidente o cardeal F. Seper e como secretário o dominicano J. Hamer. Foi nessa etapa (1968-1981) que Häring sofreu suas dificuldades.

Josef Ratzinger tomou as rédeas da CDF em 1981, e permaneceu até sua eleição como Papa (2005). Nessa longa etapa a CDF mimetizou comportamentos do histórico Santo Ofício. De forma um tanto jocosa, dizia-se nos meandros romanos, que o papa João Paulo II se dedicava a viajar, a política vaticana e as finanças eram controladas por italianos, mas o controle doutrinal estava na mão de ferro alemã do cardeal Ratzinger. Este se converteu, falando também de forma um pouco dramática, no Grande Inquisidor.

E... começaram os processos contra teólogos. Houve aqueles contra teólogos dogmáticos, como os primeiros ("primeiros" do período ratzingeriano) contra Edward Schillebeeckx e Hans Küng, e como os mais tardios e muito tristes, sofridos pelo oblato de Maria Imaculada, Tissa Balasuriya, e pelo jesuíta, professor da Gregoriana, Jacques Dupuis.

Mas também vieram os processos contra teólogos moralistas. Bernhard Häring relatou o seu. Também narrou seu processo o moralista americano Charles E. Curran. Este último foi o caso mais gritante no campo da Teologia Moral. Charles E. Curran manteve sua postura até o fim e a corda arrebentou do lado mais fraco: deixou de ser teólogo católico e passou a dar aulas em universidades não católicas dos Estados Unidos. Continuou publicando em Teologia Moral. Sem lhe terem dito que não era mais teólogo católico, como disseram a Hans Küng, o moralista americano teve a mesma condição: não é moralista católico e tem que ensinar em universidades não católicas. O último processo inquisitorial no campo da Teologia Moral é o que padeceu a benemérita, boa, religiosa e sábia moralista americana Margaret Farley.

Não espere de mim o mínimo louvor para a CDF. Considero essa instituição eclesiástica, ao menos em seu funcionamento recente, como uma mancha ou uma (má) ruga no rosto da Esposa de Cristo. Para se dar conta disso, nunca é demais lembrar os fatos, que revelam a dor causada nos processados e, creio que na maior parte dos casos, a injustiça da instituição. Basta tomar nota e examinar as Normas de procedimento que a CDF se deu a si mesma. E não me refiro às primeiras, mas sim às segundas, pretendidamente mais suavizadas.

Como pude ouvir de um professor de direito processual, tais normas, em alguns aspectos, atentam contra os direitos fundamentais da pessoa. Com efeito: – Não se sabe quem é que está acusando; – Não se tem direito a escolher totalmente um advogado; – A primeira defesa é assumida por alguém designado pela CDF e não conhecido pelo acusado; – Nenhuma instituição se dá a si mesma as normas processuais e o poder de mudá-las durante o mesmo processo.

– Quem te conhece sabe que sempre foste um homem de Igreja, mesmo assim também tiveste alguns problemas, que sempre levaste com muita discrição. Alguns desses problemas vieram, sobretudo, pelo êxito de Moral de Atitudes e de ou-

tras obras, mas em Moral de Atitudes está o gérmen, talvez, de tudo isso. Antes do processo que sofreste, já tinhas conhecimento de que essa obra estava sob suspeita, que em alguns lugares se estava fazendo algum movimento contra ti e contra tua obra?

Perguntas se eu suspeitava de algo. Quem não iria suspeitar, nesse momento de tensão, de dureza, por parte do magistério eclesiástico, sobretudo em temas tão sensíveis para as autoridades eclesiásticas, como eram os temas morais? Seria normal que fossem contra ti, não porque eras tu, mas sim, sobretudo, pelo que representavas.

Evidentemente, estou convencido de que aconteceu comigo principalmente pelo que eu representava, ou seja, "damos um golpe em ti, para que os outros entendam". E eu acredito que os outros entenderam, porque foram se calando muitíssimas pessoas que tinham escrito e falado de outra maneira, precisamente pelo medo que sentiram depois do golpe que eu recebi. Bom, não sei se foi um golpe ou um carinho o que recebi.

Tudo tem uma explicação histórica ou conjuntural. É normal que eu suspeitasse que algo estava por vir, dadas as tensões que havia na Igreja em questões de moral, começando pelas tensões nos centros romanos. Era clara a inveja que existia na Cidade Eterna quanto à prevalência da Academia Afonsiana em questões de moral. Era algo que se criticava muito e se invejava ainda mais. A quantidade de alunos que tinha, o magistério moral que estava criando nas Igrejas do mundo inteiro, por formar professores de moral para os seminários, para as Faculdades de Teologia.

Seguramente, muitos estavam desejando uma advertência, um golpe, não para fazê-la desaparecer, embora alguns possam ter nutrido essa ideia, mas para diminuir sua influência em Teologia Moral. Entre esses, é óbvio que não estavam, nem a Gregoriana, nem o *Angelicum*, mas sim outras instituições que queriam afirmar sua presença em Roma, movimentos novos, o Instituto João Paulo II, criado e dirigido naquele momento por Carlo Caffarra, e outras instituições religiosas que tinham se dedicado à moral e se viam diminuídas pela prevalência dos redentoristas.

Eu não pertencia ao quadro fixo da Academia Afonsiana, mas sim, era redentorista, e quem tinha mais nome, ao menos em termos numéricos de uso dos meus livros. É normal que pensassem em mim para atacar também a moral de feitura redentorista, concretamente, da Academia Afonsiana. Acredito que foi precisamente isso que viu e, sobretudo, temeu, o Padre Geral ao intervir no meu caso.

— Certamente, várias gerações se formaram com tua obra Moral de Atitudes *em muitos seminários. Mas então, as denúncias vinham especialmente do âmbito espanhol, ou seja, de movimentos da Espanha?*

É preciso levar em conta que nada vem de Roma sem antes ter ido a Roma. Também se verificou nesse caso: quase tudo se deu na Espanha; embora o desejo pudesse estar em Roma. E como sei? Pois vou contar. É a primeira vez que digo: eu tinha um amigo, muito amigo, na Conferência Episcopal Espanhola, na rua Añastro. Já faleceu, por isso eu digo agora; se não fosse assim, não diria. E foi ele quem me avisou, um tempo antes, de que tinha visto um dossiê sobre mim com uma nota colada dizendo: "Dê-se prosseguimento". Foi quando me disse: "Olha, Marciano, te cuida, porque a coisa vai ser séria".

Por outro lado, eu tinha recebido, via meu provincial, alguns avisos da nunciatura sobre acusações da base, nesse caso, de sacerdotes, religiosos ou professores de moral. É o procedimento normal: as acusações vêm da base e a cúpula dá curso. As autoridades, a cúpula, costumam dizer: nós temos que verificar o que nos disseram, o povo está escandalizado e temos que velar por ele. Essa forma de proceder, creio que era algo normal então; penso que já não seja assim agora.

Lembro de ter recebido, uma única vez, certa petição oficial para dar minha opinião sobre um teólogo, para ver se seria preciso chamar sua atenção. Não respondi. Guardo esse dado como uma coerência pessoal minha. Porque tudo isso se baseia em denúncias de gente, inclusive, anônima. As autoridades eclesiásticas não iniciam o processo por si mesmas, mas dizem: como nos chegaram queixas... como há no povo cristão uma situação de mal-estar a teu respeito... diante disso, nós temos que intervir.

E estou convencido de que tudo veio da Espanha, embora a CDF o tenha aceito com alívio e até com certa satisfação. Não é preciso ter olhos de águia para suspeitar que os movimentos mais conservadores, como a *Opus Dei*, lançavam, frequentemente, esse tipo de acusações de que estamos falando. Da América Latina não vieram as acusações, não nesse momento. Porque meu Geral fez uma pesquisa seletiva entre os episcopados latino-americanos e todos lhe disseram que não tinham nada contra o pensamento teológico-moral de Marciano Vidal, muito antes, pelo contrário. Isso é explicável pelo que já te contei, ou seja, minhas andanças pela América Latina. Mais adiante as coisas mudaram. Contarei mais tarde.

Como vês, não houve surpresa absoluta. Sim, surpreendeu-me que minha pessoa tenha sido capaz de suscitar tanto interesse para dar um golpe visando a ensinar os demais. Foi quando me dei conta de que valia, não por mim, mas por minha *Moral de Atitudes*, uma das obras qualitativamente mais seguidas nos seminários de fala espanhola. Não digo quantitativamente, mas sim, qualitativamente naquele momento. Quando a acusação foi assumida pela CDF, então começou todo esse triste fato do processo.

– *Seria necessário ver o teu arquivo.*

Existe. Tu já o viste. Um jornalista italiano, Francesco Strazzari, que fez a entrevista com Edward Schillebeecx, intitulada *Sou um teólogo feliz*, veio, pelo menos duas vezes, até minha casa, aqui em Madri, pedindo para ver meu arquivo e fazer uma entrevista. Como podes imaginar, senti-me lisonjeado, sobretudo, por colocar minha entrevista no nível do grande teólogo dominicano belga. Mas, no momento, não lhe permiti acesso a meu arquivo, nem lhe concedi entrevista.

– A maior parte das pessoas não soube que havia um processo até que a Notificação foi dada a conhecer no ano de 2001.

Sim, eu tentei manter toda a discrição possível. E o fiz por várias razões.

A primeira, por algo que faz parte de meu caráter pessoal, o fato de não ser agressivo, de preferir respostas calmas, moderadas e não violentas, diante de qualquer situação adversa.

A segunda, talvez foi por minha espiritualidade e minha coerência cristã. Nesse sentido, tenho que dizer que o sofrimento, como tal, não liberta, mas quando é um sofrimento não procurado, mas suportado da melhor forma possível, pode ser libertador.

E a terceira razão foi porque o devia a muitas pessoas que se formaram comigo, a alunos de teologia, a religiosas e religiosos, sacerdotes e leigos... que, estou seguro, esperavam de mim a postura que tomei.

No fundo de tudo, possivelmente, esteve o meu caráter pessoal, que não é o de confrontação, mas sim de respeito e de diálogo honesto.

– Em todo caso, já sofrias vários anos de processo quando conhecemos publicamente a Notificação. Quando tudo começou?

Foram três anos de processo. Foi muito longo. É algo que pode desestabilizar qualquer pessoa, mesmo as mais calmas. Nisto eu devo estar acima da média. Segundo as normas da CDF, o processo foi iniciado sem eu saber absolutamente de nada, etapa que duraria de um ano e meio a dois. E, além disso, com o agravante, ou com o escândalo, de que te examinam sobre uma obra, não em seu original, mas em uma tradução (nesse caso, a tradução italiana). Só este fato já constituiria motivo para impugnar todo o processo. Também indica como trabalha a CDF. Ali mesmo nomeiam os "censores" da obra (deveriam ser os que vi quando do encontro público com Ratzinger) assim como, sem eu saber, meu "defensor" (que também vi na ocasião citada).

– Toda a relação que existe com a Congregação para a Doutrina da Fé e o processado é feita por meio do Geral ou do provincial da congregação.

Sim, por meio do Geral. Tu, que és o acusado, não existes como interlocutor. Tudo tem que ser por meio do superior religioso. Se és padre secular, por meio do bispo; se és religioso, por meio do Superior Geral. Tu não tens voz, senão no final, se for o caso, porque tudo depende deles.

– E como começa o diálogo? Eles te enviam algo para que respondas, um texto...?

O procedimento é muito simples. Informam o Geral que existe um processo contra ti. O Geral te informa. Em meu caso, o Geral veio expressamente aqui, a Madri, para me comunicar.

A CDF tinha esperado a eleição do novo Geral. Suspeito que para tratar com alguém não experimentado. De fato, o Geral anterior, o espanhol Juan Manuel Lasso de Vega, tinha defendido valentemente Bernhard Häring; coisa que não deve ter agradado muito à CDF. O Geral se anunciou e o provincial me comunicou o motivo da visita. Recordo que a primeira coisa que fiz foi ir até a capela para ver como lidaria espiritualmente com o tema.

As propostas que o Geral trazia e que vinham, segundo me disse, direto de Joseph Ratzinger, eram que eu deixasse completamente de dar aulas, dedicasse-me a responder ao que eles pediram e então ver o que ia acontecer. Podes imaginar que isso era propor meu suicídio intelectual, ao menos, o suicídio acadêmico. Não compreendo como o Geral me propôs e me pediu uma coisa dessas.

Era o começo do mês de fevereiro; eu tinha anunciado um curso intensivo para ministrar na Academia Afonsiana. Disse ao Geral que deixaria o curso; também não me interessava muito dar aquele curso. Mas, o que eu não queria era deixar Comillas. Porque, se deixasse Comillas, podes imaginar que então acabaria toda a minha vocação intelectual, meu trabalho; disse para ele: "Isto não, não posso aceitar".

O Geral voltou a Roma. E, como tens amigos em todas as partes, e o povo fala, podes te inteirar de muitas coisas, entre outras, do que o Geral disse ao chegar a Roma: "Consegui cinquenta por cento". Conseguiu cinquenta por cento, ou seja, que eu não desse aulas na Academia

Afonsiana, mas não conseguiu os outros cinquenta por cento (para mim era quase cem por cento): que eu deixasse Comillas.

Também fiquei sabendo que, já antes do Geral ter vindo falar comigo, tinham removido o meu curso do cartaz de anúncios da Afonsiana. Muito recentemente, um bispo brasileiro, que era então aluno da Academia Afonsiana, comentou-me as dificuldades do presidente do centro acadêmico para justificar diante dos alunos a suspensão de meu curso: não era por razão de doença, não porque eu não quisesse dá-lo; então, por que era?

Depois, vem o longo processo de ida e volta de documentos. No princípio, enviam um documento longo, para que respondas extensamente. Depois, outro curto, para que preenchas quase com sim ou não. Isso dura também bastante tempo. Eu fazia isso e, ao mesmo tempo, continuava minha vida acadêmica normal.

– Tudo isso deve desgastar muito, psicologicamente falando.

Sim. Passas mal. Quando estudei a história da moral do século XVI, precisei ler algo sobre os processos inquisitoriais: o que aconteceu com Frei Luis de León e os representantes da escola hebraica da Universidade de Salamanca naquele tempo. Deus me livre de querer comparar meu caso, de leve significação, com o deles, de significação autenticamente histórica.

Mas as reflexões sobre aqueles fatos inquisitoriais me serviram para fazer a seguinte composição em três afirmações: 1) que estou fazendo mal para o povo de Deus com meu ensinamento; 2) que não sei teologia moral; e 3) que tenho que deixar de fazer isso. Disse para mim mesmo: o primeiro não é certo, ao menos em sua totalidade, já que sei que faço bem a algumas pessoas; o segundo não é certo em absoluto (creio que sei mais moral que muitos deles), e o terceiro não procede.

O tempo passado no meu povoado, o pensar no que me diriam meus pais e a ajuda de Deus me serviram para suportar psicologicamente a situação. A resposta teórica ou de conteúdo era outra coisa. Nesse ponto tive que pedir ajuda.

– Então, o que fizeste?
Entrei em contato com o padre redentorista Louis Vereecke, que tinha sido professor na Academia Afonsiana, trabalhado na Congregação para a Doutrina da Fé como assessor e sabia muito dessas coisas. Ele já se encontrava retirado da atividade acadêmica, trabalhando como capelão de um convento de monjas perto de Lyon. Mais tarde, fiquei triste por ele ter falecido antes de lhe entregar o quarto tomo de minha história da teologia moral, que lhe dediquei.

Diante da minha pergunta sobre o procedimento a seguir com a CDF, respondeu-me: "Podes adotar três posturas. Uma primeira, afirmar que o que dizem que disseste é verdade e, portanto, continuas mantendo, mas deves saber que assim irás direto para a fogueira da Inquisição. A segunda postura é dizer que tu não disseste o que eles dizem que disseste; mas isso dificilmente aceitariam, porque seria chamá-los de tontos. A terceira postura é dizer que o que tu dizes não vai contra o magistério, apenas contra uma determinada interpretação do magistério, porque o que tu dizes pode ser interpretado corretamente dentro do magistério. Agora – terminava ele me dizendo – adota a postura que quiseres".

Eu adotei a terceira postura, tomando alguma coisa da segunda. Coloquei-me esse esquema de resposta: – O que vocês dizem que eu digo, eu não digo como vocês entendem. – Eu o entendo de determinada maneira. – E essa maneira de entender o que digo não vai contra o magistério da Igreja; é uma opção possível dentro do que afirma a doutrina da Igreja.

– Por que adotaste essa postura?

Porque não quis um enfrentamento direto com a CDF tal como escolheu Charles E. Curran. Eu não tenho uma psicologia tão altaneira. Mas também, não aceitei que simplesmente me esmagassem. Lutei usando essa forma, tão galesa, de não enfrentar diretamente, mas também não se dar por vencido. Agindo assim, perdes algo, mas também ganhas alguma coisa.

É a postura mais manhosa e que te obriga a empregar mais tempo, onde parece que estás te humilhando, quando no final não há "vencedores absolutos", mas também não há "derrotados totais". Compreendo que, em si mesma, não seja a melhor, mas estou acostumado a jogar com possibilidades, não com absolutos. Naquele momento, era a melhor para mim. Não me arrependo de tê-la utilizado. De fato, é certo que não saí vencedor; mas também não saí derrotado. Eu continuei fazendo a mesma coisa que fazia antes. Claro, também eles não se consideraram "derrotados"; tiveram a impressão de serem os "vencedores".

– A tua primeira resposta foi escrever a "Nova Moral Fundamental"?

Não. Embora seja verdade, em certo sentido. Eu a compus quando estava nesse "ir" e "vir" de documentos, da CDF para mim, e de mim para a CDF. Escrevi essa obra porque aqui na Espanha alguns diziam que não havia fundamentação teológica em minha *Moral de Atitudes*. No primeiro texto de acusação da CDF também diziam que faltava teologia em meu manual. Foi então que disse para mim mesmo: "Agora vais ver o que sabe de teologia este filho de minha mãe". E enquanto estava naquela pressão psicológica que relatei, (dou graças a Deus pela psicologia que me deu), escrevi a *Nueva Moral Fundamental*, para responder aos demais e também para responder a mim mesmo.

Era como um ajuste de contas com os demais, mas também, comigo mesmo. Ao mesmo tempo, era também um balanço da teologia moral pós-conciliar em seus fundamentos mais básicos. É curioso, mas o próprio teólogo que anteriormente havia escrito, em uma recensão, que meu pensamento teológico-moral não tinha base dogmática, concluiu a recensão da *Nova Moral Fundamental* dizendo: "Para quê tanta fundamentação teológica da moral?"

Por outro lado, Ratzinger, indicando um exemplar do livro, disse ao meu Geral, tal como este me contou: "E o Pe. Marciano, por que se dedica agora a escrever uma *Nova Moral Fundamental?*" Suspeito que queria dizer: "Por que se dedica a isso, tendo que ocupar seu tempo em responder nossas perguntas?"

Agradou-me muito que o moralista norte-americano, professor do Boston College, o jesuíta F. J. Keenan, tenha captado bem minhas colocações em uma recensão para a revista *Theological Studies*. Também me agradou que um redentorista canadense, o citado companheiro em Roma, G. Therrien, chegasse a qualificá-la de "Suma de Teologia Moral para o momento atual".

A resposta formal ao requerimento da CDF foi uma longa exposição, seguindo as pautas, que antes comentei, sobre as questões que me colocaram. Não me custou muito, embora tenha levado bastante tempo. Acrescentei um elemento novo. Tive a ousadia de pedir ajuda a uns quantos teólogos que considerei os melhores em cada área próxima aos temas morais em questão: Sagrada Escritura, Teologia Fundamental, Eclesiologia etc. Visitei-os, deslocando-me, quando era preciso, ao lugar onde se encontravam (algumas vezes o encontro foi em salas de aeroporto). Pedi a cada um o informe sobre um ponto preciso.

Fiquei gratissimamente surpreendido pela acolhida; exceto um, todos responderam positivamente e me escreveram um pequeno informe. Silencio aqui os nomes, mas os tenho sempre muito presentes. Além disso, deve-se ressaltar um dado muito positivo: nenhum deles disse nada em público sobre o assunto. Anexei esses pequenos informes, como apêndice à minha resposta para a CDF. Conforme me disse meu provincial, isso desgostou muito a Antonio Cañizares, que era bispo e presidente da comissão episcopal para a Doutrina da Fé.

– É interessante que tenhas envolvido outros colegas teólogos. Também é chamativo que nada tenha saído de sua boca. Houve outras pessoas que te ajudaram de alguma maneira?

Sim, foram muitas. E me ajudaram muito. Indico os nomes principais e aludo, com muita brevidade, ao que lhes devo. Conforme as normas de procedimento da DCF, das quais falei, a pessoa submetida ao processo tem direito de escolher um advogado e apresentá-lo para ser aprovado. Eu pedi essa ajuda ao bom amigo e grande canonista José María Díaz Moreno. Aceitou de primeira. Só não atuou, porque a CDF pode fazer o que quiser, segundo o regulamento que ela mesma se deu. Não lhe permitiram sequer comparecer no ato público final. Apesar disso, o Padre Díaz Moreno foi uma ajuda técnica e fraternal inestimável para mim.

No mesmo nível de competência e fraternidade tenho que colocar o agostiniano, já falecido, Vicente Gómez

Mier. Ele me acompanhou afetivamente ao longo de todo o processo e teve participação em quase todas as redações que precisei fazer a pedido da CDF. Até Madri se deslocou o padre redentorista Sabatino Majorano, para uma reunião, celebrada em El Paular (Rascafría, Madri), onde foi dada a forma definitiva ao documento enviado para a CDF.

Os companheiros redentoristas do *Instituto Superior de Ciencias Morales* me ajudaram em tudo o que puderam. Tenho que nomear Vicente García, que empregou muitas horas e muita competência no processamento dos textos com as possibilidades que já ofereciam os computadores de então. Gravados em meu espírito ficaram os nomes dessas e de outras pessoas que souberam me acompanhar com afeto singular.

– Estamos falando das respostas escritas, mas certamente tiveste algum encontro em Roma, na Congregação.

Sim, um encontro. Eles modificaram as normas processuais escritas. Disseram que, como graça (ainda por cima te dão como graça), ofereciam-me a possibilidade de um diálogo, e foi quando, obviamente, deveria ir o advogado. Mas, disseram que não fosse. Que, como era uma graça concedida, a participação do advogado não entrava dentro das normas obrigatórias. E, claro, também nisso é preciso obedecer em tudo. Praticamente, este encontro foi o definitivo. Depois de tudo o que veio antes, o que tens que aceitar, como princípio, é que vão te condenar, mas é preciso tentar que te condenem o menos possível. Lembras o que citei, de Santo Afonso: o *ad minus peccandum*. Nesse sentido, a última entrevista é decisiva.

Naquela manhã, celebramos a Eucaristia na capela da cúria geral redentorista de Roma, nós, que iríamos ao encontro, e os membros da comunidade. Foi palpável aquele momento de oração. Éramos dois os que iriam, o Geral e eu. Mas Josef Ratzinger, que não tinha permitido a presença de meu advogado, agora aceitou que fosse mais um redentorista escolhido pelo Geral. Este, com muito bom senso, pediu que participasse o antigo Geral alemão, Josef Pfab, que conhecia um pouco Ratzinger, inclusive tinham sido ordenados no mesmo ano, por ocasião de um congresso eucarístico. Então nos dirigimos para o Trastevere, o Geral, o emérito alemão, e eu.

Tínhamos três objetivos: – Que a Notificação não se fizesse pública, porque suporia certo desprestígio para a Academia Afonsiana e para a Congregação em geral. Isto seria defendido pelo Padre Josef Pfab. Não foi conseguido. – Que não fossem assinalados erros ou desvios em minha obra *Moral de Atitudes*, para mantê-la como manual para o ensino da teologia moral. Isto seria defendido pelo Geral. Também não foi conseguido. – Que a sanção concreta, ou seja, o que eu tivesse que fazer, não dependesse diretamente da conferência Episcopal Espanhola e que não fosse impedido de seguir minha vida intelectual normal (publicações, aulas, conferências etc). Isto seria defendido por mim. Foi conseguida a segunda parte (não deixar a atividade que tinha) e um pouco da primeira (a relação com a Conferência Episcopal Espanhola).

Entramos no grande Palácio do Santo Ofício e subimos pela magnífica escadaria principal até o andar nobre. Ao subir pela escadaria, o ex-Geral alemão me apontou algo embaixo e disse: "Aí ficam as masmorras onde vão te prender como prenderam Galileu Galilei...". Agradeci pela brincadeira. De qualquer maneira, senti-me muito honrado de estar no primeiro andar, em uma nobre sala do palácio da Santa Inquisição Romana, onde brilharam tantos luzeiros.

Presidia o cardeal Joseph Ratzinger, e na sua direita estava Tarcisio Bertone, secretário da CDF. Na mesa presidencial também se achava Antonio Cañizares, representando a Espanhola Comissão Episcopal para a Doutrina da Fé. Em seus respectivos lugares, os dois acusadores, o notário, meu defensor, que eu não tinha escolhido, mas havia sido designado pela CDF no decorrer do processo, e nós três.

– Como foi o encontro pessoal com Ratzinger, o clima?

O clima foi hierático enquanto decorreu o ato oficial, mas nada agressivo. Academicamente correto, mas muito hierático, como se fosse uma liturgia. Assim foi o ato em si mesmo.

O ex-Geral, como já disse, não conseguiu que não fosse publicada a Notificação. Porque o que queriam eles é que fosse pública, que servisse de lição e de aviso para outros. O Geral também não conseguiu que não se tocasse a completa ortodoxia de *Moral de Atitudes*. Eu consegui – e perdoa que o diga assim – não deixar de dar aulas, e isso já foi uma conquista muito grande para mim. Claro, tudo foi tratado de palavra. Teria que ser confirmado e oficializado depois, pela Notificação escrita.

O ato teve um recesso ou pausa intermediária. Minha relação direta com Joseph Ratzinger foi nesse recesso. Vi como normal, embora o tenha agradecido, que ele tivesse a delicadeza de me buscar e falar comigo a sós, durante o entreato. Foi muito correto. Falamos sobre o tempo e coisas desse tipo. É verdade que lembro, e já comentei algumas vezes, foi quando me perguntou: "O que fazes por esses dias?" Eu lhe disse: "Pois estou com exames, estou corrigindo, mas para mim o mais difícil é examinar. Porque – continuei – gosto de dar aulas, e as dou bem, graças a Deus. Mas ter que julgar... me custa muito". Provavelmente, como bom alemão, não entendeu o duplo sentido das palavras. E assim permanecemos algum tempo.

Como te disse, devemos ter falado do tempo ou de qualquer outra coisa não transcendente e não comprometedora, mas não do tema em questão. Voltamos de novo para a sala e a questão foi então solucionada. Bem, não foi solucionada, porque eles já tinham levado tudo decidido. O que tirei como positivo foi não ter que deixar as aulas e continuar com minha atividade.

– Tratemos agora de alguns conteúdos da Notificação, dado que abarca grandes temas importantes da teologia moral

tratados em tuas obras. Mas antes, sendo, como és, um homem discreto, de Igreja, quando sai a Notificação, que sensação te deixa esse processo, como influiu em tua pessoa, inclusive em teu trabalho teológico?

Pois, olha, te deixa muito mal. Muito mal. Porque, quatro ou cinco, quase seis anos sabendo que estás sendo submetido a um processo... não é fácil de levar. E, sobretudo, quando te está processando aquela que chamamos de Mãe, a Mãe Igreja. Pois, te deixa muito mal. Perguntas se me marcou traumaticamente. Acredito que não. Mas, sem dúvida, qualquer sequela deverá ter deixado. Creio que não marcou de forma traumática. Não me tornou mais agressivo, não me fez mais fechado, nem nada parecido com isso. Eu procurei seguir com a mesma psicologia.

Depois, em relação ao afeto pela Igreja, sei que ficou mais aguda para mim a distinção entre a Igreja como mistério e a Igreja como realidade histórica. Cada vez aprecio mais a Igreja como mistério, porque eu não encontro a Palavra de Deus a não ser na Igreja e não encontro Jesus a não ser na Igreja. E, ultimamente, o que é mais decisivo para mim, eu não encontro o sentido da minha vida, que é Deus, a não ser dentro da Igreja como mistério. Portanto, radicalizou-se mais o sentido de Igreja, mas de Igreja como mistério.

Agora, bem, da Igreja como instituição me ficou um sentido crítico muito forte. Talvez, demasiado forte. Por isso, de vez em quando, tenho que diminuir e abaixar o tom e as palavras. Porque, realmente, quando tens a experiência, te dás conta de que, de Mãe, nada, nem sequer de madrasta – hoje em dia essa figura está revalorizada – mas que é tua inimiga declarada, além disso, desejosa de te destruir. E, ainda pior, usando falsidades e procedimentos que vão contra direitos humanos fundamentais. Ficou-me isso. Alguns companheiros me dizem: "Olha, graças a Deus tiveste mais lucidez do que eu". E eu lhes digo: "Olha, quem dera não tivesse tido essa lucidez e assim não teria passado pelo que passei".

Sobre a pergunta, se condicionou ou não minha relação com o fazer teológico, eu creio que não. Talvez fosse um psicólogo quem devesse dizer isso, ou alguém que me examinasse, mas creio que não. Não significou para mim não poder escrever ou publicar... Homem, tento escrever de forma um pouco mais cauta, mas é que eu sempre fui muito cuidadoso na hora de escrever. Portanto, não acredito que tenha influenciado muito em meu trabalho. Mas, bem, isso deve ser dito por outros. Eu acredito que, para as aulas, não, e para os escritos, também não. Mas outros devem dizer.

– Quando tudo se tornou público, e todos ficamos sabendo, te sentiste apoiado pelas instituições em que estavas, pelos companheiros de trabalho, pela congregação...?

Antes, vou contar algo curioso. Foi muito interessante, na manhã em que estava indo dar aula em Comillas, ligar o rádio na Rádio Nacional e ouvir meu nome nos destaques do programa da manhã, como uma das primeiras notícias... indo dar aula, no carro. Tu te sentes um pouco especial. E chegar em Comillas e ver que os companheiros te olham diferente, e tu também os olhas diferente, e dar aula naquele dia sentindo que os alunos te olham diferente. Isso é dramático. Mas se tolera.

Nessa situação há alguns que desaparecem. Mas eu dei a cara. Inclusive, tinha um curso na Confer e fui ministrá-lo. Graças a Deus que não cancelaram. Mas o que claramente decidi foi não aparecer em nenhum meio de comunicação, e não aceitei fazer nenhum tipo de declaração ou de comentário. Nem no rádio, nem em outros meios. E foram muitos os que me pediram, muitos mesmo. Chamavam de todos os lados, mas eu não concedi nenhum tipo de entrevista. Mesmo assim, ainda te sentes meio especial.

Perguntas se tive apoio. Sabes bem que no primeiro lugar está a família, e esse é o apoio incondicional. Daí a importância que tem a família. Eu senti o apoio familiar incondicional. Depois, na família religiosa, não me senti, obviamente, criticado por ninguém. Pelo contrário: senti proximidade e empatia. Mais que isso não poderiam ter feito. Bom, os companheiros do *Instituto Superior de Ciencias Morales* estavam dispostos a fazer um comunicado público de apoio a minha pessoa e minha obra teológico--moral. E eu os dissuadi, expressando-lhes meu agradecimento, mas manifestando-lhes também que aquilo seria contraproducente.

Alguns anos mais tarde, prepararam e me ofereceram um livro-homenagem. O grosso volume, de mais de mil páginas, constitui como que um estado da questão da reflexão teológico-moral nos temas mais importantes da teologia moral (*La ética Cristiana hoy*: horizontes de sentido. Madrid, Perpetuo Socorro, 2002). Foi dirigido pelos professores Vicente Gómez Mier, Miguel Rubio e Vicente Garcia. Colaboraram muitos colegas, tanto nacionais, quanto estrangeiros. A apresentação foi um ato de carinho e de apoio da família redentorista e da família natural. Vieram todos os meus irmãos e todas as minhas cunhadas, e tivemos uns dias de celebração festiva.

No centro acadêmico onde eu trabalhava, a Universidade Comillas, recebi o apoio dos colegas e dos alunos da Faculdade de Teologia. Alguns professores de teologia tentaram fazer um comunicado de apoio. Eu lhes agradeci, mas também lhes expressei minhas reticências. O clima geral foi expresso pelo decano da teologia de então ante uma professora da mesma Faculdade: "Deixa o Marciano, ele sabe se defender muito bem". Houve, sim, uma manifestação pública que agradeci muito e que me tocou: foi o comunicado do Departamento de Teologia Moral e Práxis, em que eu estava adscrito. Uma peça preciosa redigida pelo companheiro e amigo, o jesuíta Santiago Arzubialde.

De muitos colegas da Espanha, também do estrangeiro, recebi apoio e *sim-patia*. Não é o momento de dizer os nomes. Apenas destaco algo que, quem sabe, foi divulgado entre a comunidade teológica: os colegas da Faculdade de Teologia da Catalunha (Barcelona) me convidaram para um encontro onde debateríamos juntos os temas questionados pela CDF. O ato, por razões que não me recordo agora, não pôde acontecer. Mas, fiquei contente com a iniciativa.

No mais, foram muitíssimas as pessoas que me expressaram sua proximidade. O irmão da portaria de minha casa religiosa, o benemérito e querido Ir. Ricardo (José Vázquez), tomava o nome dos que ligavam e depois me comunicava. Guardo esses nomes e as comunicações escritas. Como vês, a reação geral foi de acolhida, de *sim-patia* e de apoio.

– Finalmente, a Notificação é publicada em 2001. Nela se diz que foram examinadas praticamente três de tuas obras: Dicionário de ética teológica, Moral de Atitudes *e um livrinho breve, mas que creio ter recebido muita repercussão em alguns âmbitos, que é o comentário à* Veritatis Splendor *intitulado* A proposta moral de João Paulo II. *Na Notificação, são assinalados alguns dos temas que tu tratas, e dos quais se diz que fazes de forma ambígua e errônea, embora reconheça o caráter pastoral... Apesar disso, se diz também que és muito benigno e gradual em tua visão da moral, que colocas em questão, por exemplo, a existência de uma moral objetiva... Bom, há certas questões, desde o ponto de vista metodológico, que afetam também algo que desenvolveste muito, a epistemologia teológico-moral. Comentávamos antes, uma das coisas que diz é que, em linguagem simples, tens pouca teologia, que concedes um papel demasiado importante à razão humana, que apenas a redimensionas acrescentando a fé,*

mas na realidade não consegues articular muito bem fé e moral; outras questões que afetam a relação entre consciência e verdade, diz que privilegias muito a consciência... No fundo, acredito que são questões onde há temor de colocar em questão a existência de uma moral objetiva, e consequentemente, do papel e competência do magistério no âmbito da moral concreta. Esses são alguns temas que afetariam a fundamentação, assinalados na Notificação.

Sim, e eu te agradeço a análise correta que acabas de fazer, bem como as perguntas que traz implícitas. Antes de mais nada, seria interessante dar a Notificação para um aluno fazer uma *tesina* sobre o que é uma Notificação, e concretamente, sobre esta. Como algo simplesmente objetivo. Seria uma *tesina* interessante: o que significa uma Notificação como essa, e examiná-la a fundo. Porque a Notificação precisa ser lida com muita inteligência, como tu fizeste. Vou acrescentar alguns dados que não pudeste dizer.

Primeiro, no início há uma página e meia, ou duas páginas, que situam a Notificação. Quando alguém lê com atenção essas duas páginas, fica surpreso. Sabatino Majorano, que é um fino napolitano e sabe todas, leu, me chamou e disse: "Marciano, não te preocupes, no Concílio Vaticano III serás como os teólogos da *Nouvelle Théologie*, aqueles que, de condenados, passaram a guias do Concílio Vaticano II".

Com efeito, nessas páginas iniciais se diz que as coisas da teologia têm seu tempo, que há tempos para a verdade, e que esses tempos são medidos pelo magistério, e pode ser que existam verdades que são dadas, e outras que não, mas que não estão no tempo que a Igreja julga adequado, como aconteceu com as teologias anteriores ao Vaticano II: eram verdadeiras, não tiveram seu tempo, mas veio o Vaticano II e disse que agora o tempo tinha chegado.

Também em moral haveria verdades que o são, mas, todavia, ainda não têm seu tempo, que não estão em sua razão e que não se pode dizer ainda. A Notificação parece dizer, para quem sabe ler, que são verdades, mas o magistério diz que não é o momento oportuno para elas. É bonito, não é? Sim, muito bonito, desde que não sejas tu quem te adiantes a esse tempo medido pelo magistério da Igreja.

É muito interessante, mas também de grande ambiguidade, ou seja, isso de que exista uma autoridade dominando o tempo da teologia. Mas, ao menos te dá segurança, como deu a mim, de que são verdades, embora ainda não tenham seu tempo adequado. Eu confesso que nunca me quis fazer de profeta, mas se percebe que me adiantei um pouco ao tempo comum. Há que ler com inteligência e profundidade essa página e meia que está no início. Eu o agradeço muito à CDF. Quase se poderia dar por bem-vindo o resto, devido a essa reflexão inicial. Teria redigido essa página o teólogo Joseph Ratzinger ou, ao menos, haverá dado a inspiração?

Na continuação, a segunda coisa importante que a Notificação fala é que não se avalia negativamente a totalidade da obra de Marciano Vidal, mas parece dizer muito mais que é avaliada positivamente. Como me dizia José María Díaz Moreno, muito graciosamente: "Mas esses senhores não tinham lido as três mil páginas? Falam apenas de cinco páginas. E das outras, o que dizem?"

Agradeço à CDF ter dito as duas coisas que acabo de destacar. Inventar uma nova categoria teológica: a função do tempo na descoberta das verdades teológicas, e ter dito que não julga, nem a minha pessoa, como é óbvio, nem a obra inteira de Marciano Vidal; ao não julgá-la, parece querer dizer que a aceita. Sobre o resto, te diria:

– o que a Notificação diz sobre as questões fundamentais de teologia moral (em cartas prévias também se referia às questões de moral social): são afirmações de passagem. Como sabes, a Notificação não alude a formulações precisas; se move em sensibilidades gerais.

– sobre os quatro pontos concretos a que alude e onde assinala advertências (masturbação, legislação sobre o aborto, homossexualidade, uso intraconjugal das técnicas de reprodução humana assistida): não são condenadas afirmações precisas e taxativas minhas, mas sim sensibilidades. Sensibilidades a favor de uma moral da subjetividade, sem negar a moral objetiva; a favor de uma moral da gradualidade, sem negar o ideal a que todos devemos tender. Trata-se, pois, mais de sensibilidades, que de afirmações ou de verdades. A Notificação, creio que, corretamente, não fala tanto de erros, embora algumas vezes escapem algumas expressões nesse sentido, mas de ambiguidades, que eu traduzo por sensibilidades.

– Em vários momentos fala de erros, porque me chamou a atenção que o dissesse, mas é certo que a linguagem típica é mais a da "ambiguidade".

Acredito que o termo que melhor se enquadra é "ambiguidade", e creio que poderíamos traduzi-lo por sensibilidade. E sem dúvida alguma, os que assinaram isso estão pela sensibilidade de uma moral objetiva, de uma moral de não gradualidade, e uma moral da lei e não da consciência.

Agora, bem, isso não deve causar estranheza: no último Sínodo sobre a Família, tanto o extraordinário (2014) como o ordinário (2015), sabes bem que apareceram essas sensibilidades em um tema concreto como é a família e matrimônio. Nenhuma delas foi condenada; o que se pretendeu foi encontrar uma síntese integradora e superadora.

Eu não me arrependo, em absoluto, de ter ficado do lado e ser dessa sensibilidade mais a favor da consciência que da lei, mais a favor da ordem subjetiva que do objetivo, mais a favor da gradualidade que de encaixar todos no ideal, caiba quem couber. Não considero essas opções como erros, mas como sensibilidades.

– Mas, na realidade, os que poderiam causar mais "escândalo" foram os temas relacionados com a moral sexual. Vamos mencionar apenas alguns: o tema da contracepção, temas de moral pessoal e sexual em que se refere aos métodos contraceptivos (o preservativo como método de controle de natalidade), o tema da procriação responsável, o tema da homossexualida-

de, a questão da masturbação, e depois, certa ambiguidade na questão das técnicas de reprodução humana assistida em relação, inclusive, com o aborto. Estes seriam alguns dos temas problemáticos que a Notificação assinala. Há mais alguns, mas que, no fundo, guardam relação com esses quatro.

Isso mesmo. São temas concretos, e me chamou a atenção que tenham feito um processo contra mim com coisas tão pequenas. Porque, se fossem coisas mais fundamentais, posso dizer que valeria a pena seguir todo um processo, seguir toda uma trajetória de grande dificuldade para quem sofre o processo. Comento agora, rapidamente, as quatro questões principais que a Notificação apresenta e que assinalaste bem.

No tema da homossexualidade, o que mais lhes chamou a atenção é eu ter dito que a questão está aberta. Então, agora, coloca em paralelo minha afirmação, escrita em âmbito acadêmico, com a afirmação do papa Francisco, dita em uma roda de imprensa, dentro de um avião na volta do Rio de Janeiro, depois da Jornada Mundial da Juventude: "Quem sou eu para julgar?" A frase do Papa é muito mais forte que a condenada na Notificação.

Segunda questão: a masturbação. Eu me cuidei muito para não dizer que não era algo objetivamente mau. Está dito no texto. Agora, bem, ter que dizer que toda ação autoerótica é sempre pecado mortal, isso é muito discutível. E é isso o que disse e continuo defendendo. Porque eu penso que comer com gula é, objetivamente, algo negativo; mas chegar a dizer que é sempre pecado mortal comer gulosamente, não me parece. Como juntar dinheiro: parece-me que, objetivamente, é imoral, mas não posso dizer que quem junta um pouco, porque tem medo do que lhe possa acontecer no futuro e de, por caso, vir uma crise, esteja em pecado mortal. Isso é o que se diz, julga tu o que quiseres. E que o leitor que lê nossa conversa julgue como lhe parecer. Mas que fique claro o que pensa quem escreveu: não é o objetivamente correto; mas, objetiva e subjetivamente, não é uma desordem tal que entre na categoria, tão séria como é, de pecado mortal.

Terceira questão: a Notificação diz que eu deixo um pouco aberta a questão da legislação sobre o aborto. É porque afirmo que, às vezes, não ter uma legislação ou ter uma legislação totalmente restritiva, condenatória ou penalizadora, é pior que ter uma legislação muito mais equilibrada, menos agressiva. E continuo defendendo isso. Que o amável leitor de nossa conversa julgue por si mesmo. Eu não digo que não se deve legislar. Sou contra o aborto como um direito. Santo Tomás disse que era preciso legislar sobre os males, por exemplo, a prostituição. Mas, deve ser a legislação sempre penalizadora? Creio que não. Às vezes, uma legislação em que se tolera como mal menor o aborto é melhor que uma legislação totalmente penalizadora.

E, quarta questão: a Notificação diz que eu aceito, em determinados casos, a fecundação *in vitro*. Pois, olha, com as condições que indico, quase todos os professores de moral a aceitam. Trata-se da fecundação *in vitro* que é chamada caso simples, ou seja, uma fecundação dentro do matrimônio, com elementos fecundantes dos esposos, o filho que nascer seja do matrimônio e que não restem embriões sobrantes. Cuidei muito de afirmar a última parte.

Quando há essas condições, eu não vejo por que seria imoral recorrer à fecundação *in vitro*. Sei que os textos magisteriais a descartam, talvez pelo perigo de serem mal-usadas ou, talvez, porque tudo seja muito "artificial". Não há nada mais: essas são as quatro questões concretas de que fala a Notificação. Concordarás comigo que não são questões de vida ou morte. E repito que seria tema para um exercício acadêmico estudar a Notificação, ao menos esta concretamente.

– De qualquer maneira, a Notificação é publicada e feita uma nota onde não te retiram a venia docendi, *com o que o processo, aparentemente, finaliza. Na prática, teve alguma consequência sobre tua obra?*

Bom, a consequência ou decisão prática do processo foi que não poderia editar *Moral de Atitudes* se não fizesse as correções. Eu tomei a decisão de não editar novamente *Moral de Atitudes*, e, portanto, não tinha que fazer correções. As coisas eram simples assim. Previamente se dizia que eu teria que acertar as correções com a Conferência Episcopal Espanhola. Mas, ao não fazer a nova edição, não tinha que acertar nada com ninguém.

Com Roma, já não tinha que ter mais relação, porque as coisas já estavam todas ditas, e também não era o caso de voltar lá para agradecer. Mas me sobrava falar com a

Conferência Espanhola, e concretamente, com a Comissão Episcopal para a Doutrina da Fé, que nesse momento era dirigida por um bispo que agora é presidente da Conferência Episcopal Espanhola, Dom Ricardo Blázquez. Se falo algo que não seja objetivo, ele tem a possibilidade de se expressar no âmbito que considerar oportuno.

Tenho que dizer que o encontro com Ricardo Blázquez foi o mais cordial, como um encontro de duas pessoas que amam a Igreja e que procuram trabalhar por ela. Foi na sede da própria Conferência Episcopal, na rua Añastro, já avançada a tarde, quase de noite, quando nos encontramos. Ele sabia de tudo, tudo o que eu sabia, e foi quando nos dissemos: "Bom, então, o que fazemos?" E ele me disse que continuasse dando aulas. Na ocasião, minhas aulas eram sobre moral fundamental, história da moral e moral bíblica. Eu insisti: "Tenho que fazer mais alguma coisa?" "Não, não tens que fazer mais nada". Enfatizo este detalhe pelo que aconteceu depois.

Repito que esse encontro com Ricardo Blázquez foi muito gratificante para mim. E acreditei que a partir dali as coisas tinham terminado. Sobretudo, por contar com as palavras do presidente da Comissão Episcopal para a Doutrina da Fé.

– E não terminaram?

Não completamente. Algumas pessoas, penso que eram daquelas que tinham intervindo de alguma maneira nas primeiras denúncias, estranharam que eu continuasse fazendo o mesmo que fazia antes. Não sabiam que *Moral de Atitudes* não podia ser vendida e que não era reeditada porque eu não introduzira correções.

Foi então que as posturas mais conservadoras, daqui da Espanha e da América Latina, pressionaram novamente a CDF. É preciso ter presente que a época de João Paulo II mudou a face do episcopado mundial: de posturas de progresso se passou para posturas de conservação. Em muitos seminários e centros teológicos, não em todos, meu manual foi retirado dos livros de consulta e, em certos casos, não podia ser citado na bibliografia dada pelo professor. Concretamente, chegaram queixas até o escritório vaticano encarregado das relações com as Igrejas da América Latina, algumas vezes formuladas em termos de pergunta: "Como está a situação de Marciano Vidal? Porque continua atuando como teólogo moralista?"

A CDF voltou a intervir. Nunca o fez diretamente comigo. Tudo foi por meio do meu Geral. Ele me ia transmitindo o que a CDF dizia. O mais chamativo foi que, em um certo momento, o Geral me disse que deveria me dedicar a fazer outro manual de moral (naturalmente, de corte conservador e sob a supervisão dos bispos espanhóis) e que, se eu não fizesse, buscaria quem o fizesse, e sairia com o meu nome.

Custa-me dizer isso, mas acredito que foi assim. Desejaria estar errado. Compreendo que, nessa etapa, Joseph Ratzinger se tornou mais duro, e por isso o Geral se sentiu mais pressionado. Eu me opus a uma coisa (redigir eu um novo manual de moral) e outra (que outros o redigissem e saísse com o meu nome). Creio que, para essa segunda hipótese, invoquei o direito penal espanhol. Esse foi outro dos momentos em que não compreendi a atuação do meu Geral.

Como a tensão da corda não cedia, nem por um lado, nem por outro, a CDF, por ocasião de algum encontro normal com a comissão homônima da Conferência Episcopal Espanhola, encarregou essa comissão de tratar de solucionar o caso. O presidente da Comissão Episcopal já não era Ricardo Blázquez, mas Eugenio Romero Pose. Foi este quem, por intermédio de meu provincial, convocou-me para uma entrevista. Bom, chegaram a ser duas entrevistas.

A primeira reunião foi com o provincial e a segunda comigo sozinho. Na primeira, discutimos a situação. Disse eu: "A questão não se tinha encerrado com Ricardo Blázquez?" Respondeu o bispo: "Sim, mas... Proponho-nos – disse – redijamos um documento, assinado pelas duas partes, em que se diga que teu manual *Moral de Atitudes* não é um texto apropriado para expor a Moral Católica". O bispo até se ofereceu para vir comer em nossa casa religiosa e ali eu assinar o documento. Como acreditei intuir que o provincial iria aceitar gentilmente o autoconvite do bispo, adiantei-me e lhe disse que não tinha nenhum inconveniente em voltar a seu escritório. Passou pela minha mente a imagem de um inquisidor que se autoconvida para comer na casa do réu, para ali assinar sua sentença.

A imagem é dura, e não sei se corresponde à gentileza pessoal de Eugenio Romero Pose. Acolheu-me as duas vezes com cordialidade. Mostrou-me sua magnífica biblioteca (em estrutura e, sobretudo, em conteúdo). Indicou-me o bom número de livros que tinha lido para redigir uma instrução da Conferência Episcopal Espanhola sobre a unidade da nação e sobre as falácias do conceito de autodeterminação, texto de que se sentia muito orgulhoso. Mas... ao final tive que assinar aquele documento que me apresentou.

Deixando de lado o que se refere a mim, confesso, José Manuel, que senti pena daquele magnífico patrólogo galego metido em questões burocráticas. E, sobretudo, senti pena pela consciência de estar diante de alguém, com uma enfermidade grave, exigindo algo contrário à tua mais preciosa identidade. Suspeito que Eugenio Romero Pose atuava condicionado, não pelo cardeal de Madri, como me disseram alguns, mas sim por Roma, que queria despachar o assunto.

Na reunião com Romero Pose me inteirei que era Cipriano Calderón quem transmitia para a CDF as queixas dos bispos e dos setores conservadores da América Latina. As coisas tinham mudado: da aceitação generalizada por parte dos bispos latino-americanos, meu nome como moralista agora suscitava rechaço. Por outro lado, como podes ver, como participas de muitos e variados encontros, vais juntando as peças que, em um momento anterior, enxergavas soltas ou não vias. Doeu-me que Cipriano Calderón tivesse pertencido à mesma irmandade a que pertencia meu irmão Senén. De qualquer maneira, foi aquele encontro e aquela assinatura o ponto-final de minha penosa relação com a CDF. Assim eu creio e assim o espero.

– É curioso que tenham te obrigado a assinar duas vezes. Também é interessante que tiveste que ir com teu provincial. Podes dizer algo sobre esses aspectos?

Quanto à mediação e presença do provincial, era algo exigido pelas Normas de procedimento da CDF. Creio intuir que me perguntas sobre sua atuação. Respondo que os provinciais tiveram a atitude e atuação que podiam ter: de acolhida e de acompanhamento. Não podiam fazer mais. Falando em termos gerais, acredito perceber que os provinciais das congregações religiosas masculinas costumam ter excessivo respeito e até certo medo dos bispos. E não se dão conta de que são os bispos que têm medo dos provinciais, sobretudo dos que sabem ter por trás de si uma congregação forte, espalhada pelo mundo inteiro, como é a nossa. Percebi que são mais valentes, ou mais corajosas, as provinciais das congregações femininas.

Mais importante é a pergunta sobre a assinatura. Refiro-me às duas assinaturas, mas sobretudo à primeira, que foi a decisiva. Considero uma injustiça das Normas de procedimento o fato de obrigarem o acusado a assinar a sentença, nesse caso a Notificação. Nesse ponto, e naquele momento, eu sofri uma tensão de consciência. Minha reação primeira foi não assinar.

De fato, pedi a uma amiga que fosse a um notário e propusesse o caso: "Eu conheço um senhor a quem obrigam assinar uma coisa que vai contra sua consciência. É possível vir aqui para que isso conste com fé de notário?" Eu não pensava fazer nada contra a CDF, mas queria que constasse meu rechaço à assinatura. O notário disse para minha amiga: "Que venha esse senhor e levaremos aos tribunais os que querem fazê-lo assinar. Eu não posso notificar como notário que o estão fazendo assinar algo e, ao mesmo tempo, não levar aos tribunais os que o estão coagindo".

O Geral me pressionou para que assinasse: "Se não assinares, Marciano, isso se complica e causa problemas para nós todos, por isso, assine, assine". Quem sabe eu não deveria ter assinado, José Manuel. Hoje não assinaria. Mas, naquele momento, cedi e assinei. Mas, está guardado nos meus papéis privados uma nota que diz: "Assino isto contra a minha consciência e o assino sem crer em nada do que assino". A esse respeito, agradou-me e elogiei a postura de Jon Sobrino, quando não assinou. Na ocasião, vieram-me certos escrúpulos, disse para mim mesmo: "Tu deverias ter feito o mesmo, não ter assinado".

Quanto à segunda assinatura, disse: "Depois de ter escrito um manual de moral, quem vai acreditar que eu diga que esse livro não vale como texto de moral? Quem vai acreditar nisso? Tonto é quem acredita que essa assinatura é válida".

– *Se não houve protestos na assinatura, houve outro tipo...* *Alguns duendes me contaram ao ouvido que houve um protes-to, diríamos... "fisiológico".*

Como bom galego que és, devem ter sido as bruxas que vieram te contar alguma coisa. Sim, houve um protesto fisiológico. Eu tinha lido, no Diário de Yves Congar, que esse benemérito dominicano, perseguido nos tempos do Santo Ofício, embora cardeal no final de sua vida, havia protestado fazendo xixi no muro do palácio da Santa Inquisição Romana. Eu jurei a mim mesmo que um redentorista não podia ser menos que um dominicano. Custei para encontrar o momento oportuno; rodeei por ali em várias ocasiões; até que foi possível a descarga fisiológica. Posso assegurar que, mesmo sendo então mais jovem que agora, o jato não fez perigar os muros da Inquisição.

– *Isso terminou. Há algum outro moralista que também teve algumas dificuldades, embora não tantas, mas vendo que as coisas estavam em uma situação de quase beco sem saída, teve a tentação de deixar a Teologia Moral. Não tiveste essa tentação, ir-te para a pastoral, para as missões ou, simplesmente, deixá-la?*

Depois do primeiro encontro com o Geral, meu primeiro pensamento foi me mandar para a Bolívia; recordo perfeitamente que disse isso para mim mesmo. Pensei em ir pregar Missões. Porque, o que é mais importante, escrever sobre moral ou pregar Jesus? Pois o mais importante é pregar Jesus. E disse: "Pois me vou para a Bolívia". Essa foi a primeira reação.

A segunda foi de desânimo. Mas depois me recompus e disse: "Não, eu vou me defender". Porque, o que teria feito meu pai, o que meu pai me diria? Seguramente me diria: "Defende-te, meu filho!" De modo que decidi defender-me, e depois ver o que aconteceria. Essa foi a última reação. Depois já não tive, nunca, a que considero tentação, de deixar a teologia. Nunca. Antes, pelo contrário.

Olha, com aquela pressão do primeiro embate que disputei com a CDF, escrevi a *Nova Moral Fundamental*. E o pude fazer. E saiu um belo livrinho. Como comentei, recentemente apareceu a segunda edição, mais ampliada e com mais bibliografia. Assim, apesar das dificuldades, posso dizer as mesmas palavras de Francisco de Vitória: "Se tivesse outros cem anos, empregaria com gosto nesse estudo".

QUINTA PARTE

A IGREJA
SITUAÇÃO ATUAL E FUTURO

– Por razões de idade, passaste por oito pontificados: Pio XI, Pio XII, João XXIII, Paulo VI, João Paulo I, João Paulo II, Bento XIV e o papa Francisco. Viste pontificados diferentes, mas agora estamos em um pontificado que está ganhando grande repercussão, o do papa Francisco. O que acreditas que esse pontificado está significando para a Igreja?

Oito pontificados, que maravilha! De Pio XI não tive consciência nenhuma, mas de Pio XII já sim. As recordações que tenho dele são de admiração e quase de culto para com sua pessoa, e procedem do que era dito para nós no seminário menor. Acreditávamos que se havia chegado ao *summum* do pontificado: que não se poderia mais ser Papa se não fosse daquela maneira.

Em relação aos outros pontífices, já comentamos meu carinho e admiração para com João XXIII, sobretudo, por haver convocado o Concílio Vaticano II.

Também manifestei minhas sensibilidades sobre Paulo VI, que são globalmente muito positivas, mas com o fato de também ter minhas restrições pelos "modos" de temática moral que introduziu na constituição *Gaudium et Spes* do Vaticano II e, sobretudo, por sua atuação no pós--Concílio sobre as questões morais (*Humanae Vitae, Persona Humana*). Desse Papa também guardo com carinho as duas alocuções que dirigiu a dois capítulos gerais dos redentoristas, de 1967 e 1973, onde há referências explícitas e laudatórias à moral de Santo Afonso e ao trabalho dos redentoristas no campo da Teologia Moral.

De João Paulo I não me perguntaste nada. Lembro sua atuação antes de ser Papa, quando era Patriarca de Veneza. Ele havia sido professor de Teologia Moral. Na quinta-feira santa de 1972, dirigiu aos sacerdotes de sua diocese uma carta tomando como motivo, e não apenas como ocasião, a celebração do centenário da proclamação de Santo Afonso com doutor da Igreja (1871). Afirmou que "se é doutor da Igreja, Afonso o deve a seu sistema moral". Também afirmou que, com seu sistema, Afonso "produziu uma verdadeira revolução na ciência moral, dando um golpe definitivo no rigorismo e traçando uma via média que, nem atemoriza as almas com as angústias de uma salvação impossível, nem as lança nos braços do laxismo".

Já comentamos o pensamento de João Paulo II, que foi muito conservador e, para a Teologia Moral, seu magistério foi, na verdade, bastante conflitivo. Quero assinalar agora as duas Cartas Apostólicas que dirigiu ao Geral dos redentoristas (e, consequentemente, a toda nossa congregação): a primeira, por ocasião do segundo centenário da morte de Santo Afonso (1987); a segunda, por motivo do terceiro centenário de seu nascimento (1996). Nas duas, e de modo particular na primeira, há referências de grande significado para a obra moral do patrono dos confessores e moralistas. Ele o chama "renovador da moral" e "mestre da moral católica". Depois, sublinha também que o moralista napolitano adotou uma postura média entre o excessivo rigorismo e a laxidão extrema, e o papa Wojtyla consagra o critério da benignidade pastoral. Retenho como uma de minhas peculiares contribuições ao acervo da tradição redentorista ter cunhado o categorema *benignidade pastoral* como traço que define a moral afonsiana.

– *Perguntava também pelo significado do pontificado do papa Francisco.*

A chegada do papa Francisco significou para mim uma graça de Deus, ou seja, o fato de ter assistido essa mudança profunda na Igreja. Teria morrido muito decepcionado com as tensões da Igreja anterior, tensões sobretudo em temas teológicos, mais concretamente em temas teológico-morais. Agora posso ver que é possível realizar algo que tinha sonhado, de uma forma quase melhor que a que tinha sonhado e, portanto, vivo tranquilo os últimos anos de vida, e feliz. Nesse sentido, sinto-me gratificado com o presente pontificado. Creio que ninguém previa a eleição desse Papa. Inclusive, para os que diziam que já estava tudo pensado, creio que foi algo imprevisto. Veio, ninguém sabe como, e nesse sentido também podemos catalogá-lo como graça de Deus, como algo valioso, por ser novo e primaveril.

O que mais valorizo nesses três longos anos de pontificado, nesse fenômeno do papa Francisco, é ter projetado de fato uma realização do pontificado de forma diferente da que conhecíamos. Ter começado a realizar uma "conversão do pontificado". Porque estamos vendo uma forma diferente de realizar o pontificado.

Há pouco tempo, escrevi um pequeno artigo para a revista *Êxodo* onde me atrevi a traçar a história do pontificado na sequência de diversos paradigmas:

– Houve papados *romanocêntricos*, para os quais a cidade de Roma, sede episcopal de Pedro e lugar martirial de Pedro e Paulo, foi a principal razão teológica do ministério petrino, bem como o âmbito mais importante da atuação papal. Exemplo tipológico desse paradigma é o papado de Leão Magno, no século V.

– Houve papados *vaticanocêntricos*, para os quais o "domínio pontifício" (os Estados Pontifícios) constituiu apoio para a segurança da Igreja e tarefa de grande preocupação para os papas. Expressões qualificadas desse paradigma são os papados de Inocêncio III, Gregório VII e Bonifácio VIII, na Idade Média.

– Houve papados *curiacêntricos*, nos quais a cúria romana, sobretudo a partir da reorganização executada por Sixto V, depois do Concílio de Trento, constituiu a mediação básica da função papal, bem como o órgão que detinha o poder eclesiástico, às vezes, à margem e até contra o próprio Papa.

– Paradigmas ainda não muito distantes são os que aconteceram nos papados do *poder espiritual* (iniciados por Pio IX depois da perda dos Estados Pontifícios, 1870) e os papados do *magistério universal*, cuja expressão máxima se encontra em Pio XII.

Tenho para mim que a grande contribuição histórica que trará – que está trazendo – o papa Francisco, é situar o Evangelho como o eixo central do ministério petrino. Seu pontificado será, já é, um pontificado *evangeliocêntrico*. A tonalidade evangélica se percebe em toda sua atuação. Nela, percebe-se um contínuo retorno ao Evangelho.

– Quais são, a teu juízo, as chaves ou orientações básicas desse papado que chamas evangeliocêntrico?

Olha, dessa ancoragem no Evangelho nascem as orientações básicas do ministério do papa Francisco, das quais me limito a assinalar apenas duas: – A afirmação da não autorreferencialidade da Igreja em seu conjunto e de todas as instituições que a integram (a hierarquia, a vida religiosa, o laicato). – A opção por uma Igreja de saída, de busca das periferias humanas.

Essas duas orientações básicas se apoiam e culminam na compreensão do cristianismo (Deus, Cristo, Igreja) desde a chave da misericórdia. É assim que interpreto essa conversão *evangeliocêntrica* do pontificado, iniciada pelo papa Francisco. Uma conversão que, oxalá, seja estímulo e modelo para a conversão das instituições e das pessoas que compomos a Igreja de Cristo. Podes assim compreender que eu veja como uma graça de Deus esse pontificado.

– Certamente, suas palavras e seus atos estão tendo muita repercussão, tanto sua exortação apostólica Evangelii Gaudium, *como agora sua encíclica* Laudado si; *contudo, alguns*

dizem que, tanto na avaliação que faz sobre a crise econômica, quanto em questões de tipo ecológico e em outras de tipo teológico, é excessivamente populista, que não é um Papa teólogo, e inclusive alguns o identificaram com o peronismo.

Sim, conheço essas críticas. Descarto imediatamente, por ideológicas, as que provêm de instituições e de grupos muito "interessados"; por exemplo, os poderes financeiros de alcance mundial, no caso da crítica econômica, ou as grandes indústrias sustentadas sobre a energia dos combustíveis fósseis, concretamente do petróleo, no caso da crítica ecológica. Esses poderes "de fato" são os que lançam na opinião pública a imagem de um Papa "verde" e "comunista".

Não posso deixar de constatar a menor referência à teologia nos documentos do papa Francisco, quando comparados com as duas encíclicas sociais do Bento XVI, *Deus Caritas est* (2005) e *Caritas in Veritate* (2009). Mas aqui também serve o ditado popular: o que falta a um, sobra no outro. Por que não deixar as coisas em seus lugares?

Posso aceitar que algumas formas expressivas do papa Francisco transpirem certo tom populista, mas resisto a acreditar que o pensamento social cristão do papa Francisco proceda de uma sensibilidade populista. Estou convencido de que procede de genuínas sensibilidades evangélicas: opção pelos pobres, cuidado do planeta enquanto casa-comum e criatura de Deus.

Quanto à crítica radical e direta à economia mundial "financeirizada", uma economia que mata e que gera iniquidade (ou seja, injustiça distributiva), estou plenamente de acordo; sinto-me plenamente identificado com ela. Contudo, sem diminuir em nada a força da afirmação precedente, atrevo-me a assinalar duas coisas que, oxalá, os redatores tivessem levado em conta.

A primeira se refere à precisão na formulação, ou seja, o juízo não deve se referir ao capitalismo enquanto sistema ou forma de organizar a economia. Comentei que a encíclica *Centesimus Annus* (1998), diante de dúvidas precedentes, deixou claro que, para a doutrina social da Igreja, uma economia de livre mercado, mas, ao mesmo tempo, regulada, e de empresa; livre, mas ao mesmo tempo regulada, é condição estrutural para realizar uma economia justa. Por outro lado, a financeirização é um elemento necessário para levar adiante essa forma de economia livre; sobre tal financeirização não se pode emitir um juízo negativo. Este deve ser emitido sobre um tipo de economia capitalista e sobre uma forma de financeirização que convertem a economia em especulação financeira, dando lugar à chamada financeirização da economia (frente e contra a economia real: a economia das pessoas e para as pessoas).

A segunda anotação tem a ver com a referência a textos precedentes do magistério social. Tenho para mim que a avaliação mais dura – e mais certeira – da economia exclusivamente financeira foi escrita por ocasião – e motivo – da grande depressão de 1929. Refiro-me à encíclica *Quadragesimo Anno* (1931), de Pio XI. Acredito que, se os redatores da *Evangelii Gaudium* tivessem relido a citada encíclica de Pio XI para o momento atual (momento de crise basicamente financeira, como a de 1929-1935) e tivessem trabalhado mais a precisão do objeto da condenação, a corajosa e muito louvável tomada de postura que aparece na exortação apostólica do papa Francisco teria ganhado em força doutrinal e em eficácia orientativa para a consciência dos católicos e, em geral, de todas as pessoas de boa vontade.

Assim, pois, com as pontuações que acabo de assinalar, tenho para mim que o que diz o papa Francisco sobre a economia que mata não é populismo. O próprio Papa previu as críticas a sua posição taxativa e sem distinções a favor dos pobres; por isso afirma que suas palavras estão longe do "populismo irresponsável" (*Evangelii Gaudium*, 204); e aos que possam se sentir ofendidos por elas, confessa que foram pronunciadas "longe de qualquer interesse pessoal ou ideologia política" (*Evangelii Gaudium*, 208).

– E sobre a Laudado si?

Pois, no que se refere à descrição da crise ecológica, "o grito dolorido da terra", que o Papa faz na encíclica *Laudato si* (2015), poucos deixarão de concordar com ela: degradação do planeta (terra, mar e ar), repartição desigual da água, atentados contra a biodiversidade, mudança climática etc. Em geral, se reconhece que é um aporte decisivo da encíclica a consideração da ecologia em chave integral. Nesse sentido, a mim me pareceu voltar a reviver, em outra chave, a mesma hermenêutica do desenvolvimento integral da encíclica *Populorum Progressio* (1967), de Paulo VI. Também não se pode deixar de ver a sensatez e clarividência no apelo pela responsabilidade das pessoas, da sociedade civil, dos Estados e da comunidade internacional, para reparar a destruição do planeta e cuidar da casa-comum em que todos vivemos.

Não denota postura populista o reconhecer, como faz o Papa, que podem existir outras interpretações da situação ecológica atual. Com efeito, pode ser que a encíclica exagere a força da liberdade humana no fenômeno de mudança climática; pode ser que, na explicação da mudança climática, seja preciso levar em conta, além dos efeitos provenientes do consumo energético de elementos fósseis, outras causas naturais (manchas solares, mudanças internas da Terra etc); pode ser que não esteja bem provada, em todos os pontos concretos, a afirmação da relação entre a crise ecológica e a iniquidade (injustiça distributiva) com os pobres; pode ser que o Papa não pondere, em todo seu significado real, o efeito da superpopulação para a destruição do planeta Terra. Mas tudo isso não é consequência de uma postura populista, nem demérito da importância global da encíclica *Laudato sì*. Não existe, sobre a mesa das reflexões e dos interesses da humanidade em seu conjunto, uma proposta como a que apresentou o papa Francisco.

– Bom, uma encíclica também é um gênero literário. E pode ser um erro transformar as encíclicas em tratados teológicos. Uma encíclica tem que ser um gênero distinto, e às vezes,

muitos críticos também não conseguem entender, no fundo, o que é gênero encíclica.

Tens razão. Os matizes que assinalei se situam dentro de uma aceitação básica do texto. Estou plenamente de acordo com as orientações fundamentais, tanto da exortação apostólica *Evangelii Gaudium*, quanto da encíclica *Laudato sì*. O que busco e desejo é que se ofereça uma argumentação, a mais crítica possível, precisamente para convencer os que a criticam. Nesse sentido, ter aquilatado mais o que é dito, e ter tirado mais consequências do que se disse, não teria sido mau, mas sim, melhor.

– Vejo que estimas as contribuições do papa Francisco também no campo da Teologia Moral, embora não sejam muito numerosas.

Por sua procedência da Igreja latino-americana, em que influiu decisivamente por meio de sua intervenção na redação do *Documento de Aparecida* (2007), e por sua formação jesuítica, o papa Francisco não pode expressar menos que um pensamento cristão orientado para a práxis. Permita-me assinalar dois detalhes da exortação *Evangelii Gaudium* que me agradaram especialmente pela relação estreita com a Teologia Moral.

O primeiro é que o Papa assume a categoria de pecado estrutural ou estruturas de pecado. Além disso, a assume com normalidade. Deve-se recordar que foi em âmbitos latino-americanos que surgiu essa sensibilidade e teorização, desde a Conferência de Medellín (1968), que interpretou a realidade histórica da América Latina como uma "situação de pecado", até a Conferência de Aparecida (2007), onde se continua recolhendo as afirmações sobre "estruturas de pecado".

O segundo detalhe se refere ao que, a meu modo de ver, é a maior inovação doutrinal da exortação apostólica *Evangelii Gaudium* para a Teologia Moral: a afirmação de que o princípio formulado pelo Concílio Vaticano II sobre a "hierarquia de verdades" (*Unitatis Redintegratio* 11) tem aplicação também no campo da moral. Houve teólogos moralistas pós-conciliares que insinuaram essa afirmação, mas não se atreveram a fazer uma formulação tão clara como a que se pode ler no n. 36 da *Evangelii Gaudium*: "Este [o princípio da hierarquia de verdades] vale, tanto para os dogmas de fé, quanto para o conjunto dos ensinamentos da Igreja, e inclusive, para o ensinamento moral".

Trata-se, como bem sabes, de um tema que praticamente não foi tratado na Teologia Moral até agora, e por isso me alegra que tu mesmo tenhas acabado de escrever um artigo sobre a questão e que, espero, seja logo publicado.

— Francisco está sendo um fenômeno mundial. Acreditas que a mensagem do Papa já pode ser percebida de alguma maneira na Igreja Espanhola?

Sim, sem dúvida. Está chegando. Veem-se novos posicionamentos de bispos e sacerdotes. Percebe-se que uma mudança profunda está em curso, e que vai chegar, quando começam a aparecer determinados comportamentos. Também se percebe a mudança no entusiasmo criado no povo de Deus, ao menos, em um amplo setor dele. O povo simples tem um olfato especial para perceber os sinais do Evangelho. Pode-se esperar muito desse pontificado. Já se nota na Igreja Espanhola.

– Algo de mais concreto. Como vês a situação da Teologia Moral, especialmente na Espanha e face ao futuro?

Não tenho conhecimento, como podes tê-lo, do que acontece agora. Creio que está desaparecendo a geração do Concílio e, até, a imediatamente posterior ao Concílio. Não tenho conhecimento de que esteja surgindo uma nova geração de moralistas; mas, com certeza, aparecerá. Suspeito que essa nova geração terá menos consistência de caráter acadêmico, de conhecimentos históricos e básicos, mas estará mais vinculada às questões pastorais. Minha intuição parte dos dados que conheço na realidade mais próxima de mim.

Não digo que a etapa anterior tenha sido melhor do que é esta; trato apenas de descrever. Segue sendo forte a postura moral conservadora. Muito forte. Mais forte que a outra. Sobretudo em publicações, em revistas. Como tenho que seguir as revistas de moral no Instituto de Ciencias Morales, vejo mais escritos de posturas conservadoras que de posições renovadas, novas. Esta é a minha visão, muito geral, do panorama da Teologia Moral aqui e agora na Espanha.

– *Terminamos com uma breve e simples pergunta: sentes falta da tua vida acadêmica?*

Para dizer a verdade, não. O motivo é que continuo dedicado praticamente ao mesmo. Agora não dou aulas regulares, mas continuo tendo muitas intervenções em cursos, palestras, conferências... Além disso, e sobretudo, continuo escrevendo. É essa a tarefa que mais tempo me ocupa, a que mais me gratifica e a que espero continue dando frutos como serviço aos demais. Dizem que a chamada "crise da aposentadoria" costuma vir quando, depois de deixar de dar aulas, não tens mais nada para fazer. Isso eu não experimentei.

Voltar a dar aulas eu não faria com desgosto, mas também te digo, já dei aulas suficientes. Já transbordei suficientemente meu cálice de dar aulas. Por isso, não sinto falta. Sinto falta da amizade com os professores, a relação com os alunos... Mas não tenho a sensação de ter ficado sem nada, de vazio. Continuo no que sempre considerei o mais essencial.

Além disso, agora tenho mais tempo para viver experiências antes descuidadas, para aproveitar a cultura e os dons que Deus nos oferece, pelos quais antes passava com pressa. Tempo para me encontrar com Deus de forma mais calma, sem ter que olhar o relógio para ir para aula ou para uma reunião marcada. Aconselho, José Manuel, que te empenhes o máximo agora no trabalho, sei que o fazes, para que a aposentadoria seja para ti uma experiência igualmente plena.

– *Queres acrescentar uma outra questão?*

Não. Foram suficientes as que me fizeste. Espero que também o sejam para os que lerem o conteúdo de nossa conversa. O que sim, gostaria de acrescentar, é um duplo agradecimento:

– Agradecimento a ti, José Manuel, pela cordialidade da acolhida, pela agudeza das perguntas e pela sabedoria na condução de nossa conversa. De fato, tive em ti um hábil suscitador de minhas ideias e de meus conhecimentos e, ao mesmo tempo, respeitoso recebedor de minhas inquietudes e esperanças.

– Agradecimento a nosso comum anfitrião, Luiz Aranguren, diretor de edições da editora PPC, para mim um querido aluno em tempos passados e um não menos querido amigo no presente. A ele devemos esse nosso grato encontro.

CONCLUSÃO

O CREDO QUE DÁ SENTIDO
À MINHA VIDA

– *Agradeço, Marciano, por teus ensinamentos e por nos abrir uma parte importante de teu coração e de tua vida. Mas, e agora sim, para terminarmos: todos, como cristãos, temos um credo como referência para nossa vida, a base que sustenta nossa fé. Poderias sintetizar, de alguma maneira, o que se poderia chamar, nesse sentido, de teu credo pessoal?*

Perguntas sobre meu credo pessoal. Algo, evidentemente, muito íntimo. Mas ei-lo aqui, ao menos balbuciado. Advirto que deveria explicitar algumas coisas que talvez não pertençam ao credo religioso em seu significado formal, mas é que eu também creio na condição humana. Daí, que conjugue a dimensão humana e a perspectiva de crente.

– **Creio no homem**. E creio no homem relacionado, solidário. Ou seja, quando digo que creio, significa que busco trabalhar por ele. Nessa primeira fase de minha crença, nesse primeiro artigo do credo, também entro eu mesmo. Creio em mim mesmo porque também creio em todos os outros. Preciso sublinhar, uma vez mais, que minha fé no homem é a mesmo que minha fé na condição humana, por isso, o conceito de homem tem um significado inclusivo: mulher e homem.

– **Creio que a realidade tem um sentido**, e que, portanto, também tem sentido a condição humana. Seria um problema grande para mim se não houvesse sentido no mundo. Creio no sentido. No sentido da história, no sentido da realidade. Creio que há um sentido global. Não vivemos em um universo surdo, cego e mudo, ou em uma realidade absurda. Não posso estar instalado no sem-sentido. Creio no sentido.

– **Creio que esse sentido pode ser vivido de muitas formas, modos e maneiras**. Creio, portanto, na diversidade e na pluralidade (de povos, culturas, religiões, opções de vida). Creio que é possível dar sentido de muitas formas. Dá-me uma satisfação enorme o fato de haver muitos modos de dar sentido para a realidade, de dar sentido para a própria vida, de viver com sentido na prática social e política.

– **Creio que há um sentido muito especial, que aglutina todos os demais sentidos, o sentido trazido por Jesus de Nazaré**. A partir de Jesus de Nazaré, creio também na comunidade dos que acreditam em Jesus, confessado como Cristo; creio nas expressões de fé, nos símbolos e sinais religiosos, nas ações e aspirações que identificam os crentes cristãos e, no meu caso, na Igreja Católica. Creio que Cristo é o sacramento primordial, de quem procede o sacramento da Igreja, da qual brotam e para a qual retornam todos os demais sacramentos, cujo eixo é a celebração eucarística.

– **Creio que esse sentido global que aparece em Jesus de Nazaré se abre para uma transcendência na qual ele,** o **Cristo, comunga com o Espírito de Deus, seu Pai e Pai de todos.** Deus é, e dá, transcendência para a realidade: nem tudo pode terminar na finitude, nem na sucessão da história intramundana. Há uma dimensão que abre a realidade para além de si mesma. Reconheço que há muitos caminhos para "dizer", para "expressar" e para "relacionar-se" com a transcendência. Eu estou dentro de uma cultura em que a transcendência é nomeada como Deus, uma explosão de luz. A fé judaico-cristã me acrescentou a revelação desse Deus-luz como Pai.

– **Creio em Deus-Pai.** O "mais além" ou a "transcendência" vai adquirindo em minha vida cada vez mais a configuração de um Alguém. Sei que é difícil, e até perigoso, "personificar" a realidade e o significado de Deus. Mas não posso viver a dimensão transcendente no esvaziamento puro da realidade e de mim mesmo. O sentido da realidade e de mim mesmo exige plenitude e, consequentemente, relação e comunhão. A casa familiar constitui a antecipação e a segurança de uma mansão eterna nos céus.

– **Creio que a esperança, nascida do sentido, não ficará frustrada.**

Este é o creio de minha vida. Muito simples, e pronunciado em balbuceios, como se fossem borbotões de água brotando do profundo da terra e do interior de uma rocha.

Espero que esse credo se faça realidade em minha vida e com minha vida, e que permaneça para além da história, em uma fase nova e inimaginada, mas real e verdadeira, em comunhão com todos os que amo.

A marca FSC® é a garantia de que a madeira utilizada na fabricação do papel deste livro provém de florestas que foram gerenciadas de maneira ambientalmente correta, socialmente justa e economicamente viável.

Este livro foi composto com as famílias tipográficas Penumbra Serif e Adobe Caslon Pro
e impresso em papel Offset 63g/m² pela **Gráfica Santuário.**